Eine ideengeschichtliche Studie über den Blutaberglauben

Ernst Hentges

Bahnhofstr. 240 • 44579 Castrop Rauxel • Deutschland
www.hermetischer-bund.de

Mein Dank geht an Peter Windsheimer für das Design des Titelbildes. Des Weiteren an Ariane und Michael Sauter.

Für Schäden, die durch falsches Herangehen an die Übungen an Körper, Seele und Geist entstehen könnten, übernehmen Verlag und Autor keine Haftung.

ISBN: 978-1-291-26197-4

Das Blut hat von jeher Phantasie und Denken der Menschen stark beschäftigt. Der primitive Mensch musste gar bald die Wahrnehmung machen, dass die Lebenskraft an das Blut gebunden ist. Dieser geheimnisvolle Saft erregte auch bereits wegen seiner roten Farbe die Aufmerksamkeit. Es ist bekannt, dass die Farbenwahrnehmung sich allmählich entwickelt und dass Rot jene Farbe ist, die am ehesten, sowohl bei kleinen Kindern wie von Menschen auf einer primitiven Kulturstufe, wahrgenommen wird. Hiermit stimmt auch noch die Vorliebe der Naturvölker und niederen Volksklassen für die rote Farbe sowohl in Kleidern als Schmuck überein.

Im Laufe der Zeit haben sich inbetreff des Blutes eine Unmenge von Vorstellungen gebildet, die heute als Aberglauben gelten, deren Kenntnis aber in ideengeschichtlicher Hinsicht von Bedeutung ist. Speziell für den Okkultisten ist deren Kenntnis von Interesse, denn in vielen magischen Vorschriften und Gebräuchen finden sich Niederschläge dieser Anschauungen aus früheren Zeiten wieder. Aber auch für den Mediziner, Ethnologen, Folkloristen und in gewissem Sinne auch für den Kriminalisten ist die Kenntnis der mannigfachen Formen des Blutaberglaubens von Wert.

Es fällt schwer, eine allgemein gültige Definition des Aberglaubens zu geben. Dieser Begriff hat stets nur eine relative Gültigkeit. Als Aberglauben kann man denjenigen Teil des Volksglaubens bezeichnen, der entweder keine Berechtigung in den Anschauungen einer bestimmten Religionsform findet oder im Widerspruch steht zu den wissenschaftlichen oder philosophischen Meinungen einer bestimmten Zeit. Es gibt wohl keine einzige Form des Aberglaubens, welcher nicht zu einer bestimmten Epoche bei einer gewissen Menschenklasse als wahrer Glaube gegolten hat. Es fällt manchmal schwer, ein richtiges Verhältnis zum Aberglauben zu gewinnen, und dessen verworrene Pfade sind nur im Lichte ideengeschichtlicher Zusammenhänge zu erkennen. Der vielgestaltige Volksaberglaube besteht aus verkümmerten Niederschlägen des Denkens und Empfindens vergangener Jahrhunderte. Die Geschichte des Aberglaubens ist somit das Zerrbild des menschlichen Strebens nach

Erkenntnis.
Das Leben war von jeher eines der Rätsel, das den menschlichen Geist am stärksten und nachhaltigsten beschäftigt hat. Da der Zusammenhang von Blut und Leben dem Menschen gar früh klar geworden sein muss, so ist es auch verständlich, dass seit den primitivsten Kulturanfängen eine Unmenge von Vorstellungen über das Blut entstanden, deren Gleichartigkeit darauf zurückzuführen ist, dass der Denkmechanismus bei den verschiedenen Menschen nach der gleichen psychologischen Gesetzmäßigkeit funktioniert.
Um den Aberglauben richtig zu beurteilen, müssen wir uns in die Lage jener Menschen versetzen, wo er seinen Ursprung nahm. Wir müssen ihre Geisteshaltung berücksichtigen, wir müssen nach Möglichkeit erkennen, welche Vorstellungen ihnen geläufig waren und die sich ihnen durch die Evidenz der Tatsachen aufdrängten. Für unsere Betrachtungen können wir uns weder an eine chronologische Reihenfolge nach an eine geographische Einteilung halten, denn die einzelnen Zivilisationen entwickeln sich je nach Rasse und Klima mit verschiedener Schnelligkeit. Anderseits bedingte die Wanderung und Vermischung der Völker einen gegenseitigen Austausch der Vorstellungen. Wir werden die ideengeschichtlichen Zusammenhänge des Blutzaubers daher vorwiegend nach ihren assoziativen Affinitäten betrachten.

*

Die hohe Bedeutung des Blutes für das Leben ist ohne Zweifel dem Menschen von jeher zufolge häufig wiederkehrender Erfahrungen einleuchtend gewesen. Selbst dem primitiven Menschen drängt sich mit unwiderstehlicher Gewalt die Vorstellung auf, dass beim Schlachten und Jagen das Tier mit dem ausströmenden Blut das Leben verliert. Auch der Mensch selbst empfindet Schwäche bei starkem Blutverlust, und bei noch stärkerem Ausströmen des Blutes hört das Leben völlig auf.
Diese Wahrnehmung musste notwendigerweise dazu führen, im Blut den Sitz oder den Träger der Lebenskraft zu erblicken. Diese Erkenntnis gab Anlass zu mannigfachen Vorstellungen und

Gebräuchen.
Die Erfassung der vitalen Bedeutung des Blutes führte im weiteren Verlauf notwendigerweise dazu, das Blut gewissermaßen als die Urmaterie anzusehen, aus der alles Leben hervorgegangen ist. Bereits in den ältesten chaldäischen Legenden treffen wir die Erzählung an, dass die Götter den Menschen aus Erde und dem Blute des Gottes „Baal“ kneteten. In gleichem Sinne weiß eine persische Überlieferung zu berichten, dass alle lebende Wesen aus dem Blute des heiligen Stieres hervorgingen, den Mithras tötete. Ähnliches finden wir auch im Koran, wo es in Sure 96 heißt: „Verkündige im Namen deines Herrn, der schuf, der den Menschen aus geronnenem Blut schuf . . .“ Das Blut galt als Verkörperung des schöpferischen Prinzips, darum müssen nach altmexikanischem Glauben die Götter sich mit spitzen Knochen ins Bein stechen, damit ihr Blut auf die Erde spritzt, und sofort kommen aus ihr dicke Maiskolben zum Vorschein.
Da nach dieser Auffassung das Blut nicht nur Träger der individuellen Lebenskraft, sondern der Ausdruck der schöpferischen Urkraft, des Göttlichen, war, so war es naheliegend, das Blut als ein Privileg der Götter anzusehen. Es durfte nicht von Menschenhand zu profanen Zwecken vergossen werden. Dieser Auffassung begegnen wir bereits in den Mosaischen Büchern, denn im 3. Buch Mose, 17, 14 heißt es: „ . . . und ich habe den Kindern Israel gesagt: Ihr sollt keines Leibes Blut essen, denn des Leibes Leben ist in seinem Blut; wer es isset, der soll ausgerottet werden!“ Das gleiche Verbot treffen wir im Koran (Sure VI, 146-147) an, wo den Mohammedanern der Genuss des Blutes untersagt wird.
Das Verbot des Blutvergießens war aber auch eine Forderung der Selbsterhaltung, als der primitive Mensch begann, sich gruppenweise zusammenzuschließen. „Homo homini lupus“, bemerkt Hoppes sehr zutreffend von dem ursprünglichen Menschen. Die Abscheu vor dem Blut seiner Artgenossen war dem ursprünglichen Menschen keineswegs so allgemein und instinktiv wie bei vielen höheren Tierarten. Das Verbot des Blutvergießens und Blutgenusses, das wir

in älteren Religionsformen antreffen, war daher nebenbei auch eine Forderung gesellschaftlichen und kulturellen Fortschrittes.
Das spekulative Denken späterer Zeiten hat das Blut zum Träger der Ichheit gemacht. Das Blut befindet sich im Inneren des Menschen, ist also fest mit seinem Ich verbunden und wird somit zum Ausdruck des Ich. Galen vertritt daher die Ansicht, dass im Blute die Seele enthalten ist. „Die sensitive oder elementare Seele" – belehrt uns auch Robert Fludd – „hat ihren Sitz im Blut". Nach der Lehre der hermetischen Philosophie war die Lebenskraft ein Mittelding zwischen dem physischen Körper und dem substanzlosen Geist. Es war eine Art fluidales Prinzip, durch das der Geist auf den Körper wirken konnte. Im Sprachgebrauch des neueren Okkultismus heißt dieses Prinzip „Astralkörper". Dieses fluidale Lebensprinzip ist übrigens eine recht alte und weit verbreitete Vorstellung, denn schon die alten Ägypter bezeichneten diesen Körper als „Khaba", und bei den Chinesen heißt er „Kweishan".
Diesbezüglich vertritt die indische Philosophie eine abweichende Auffassung, denn nach ihr soll nicht das Blut der Träger des Lebensprinzips sein, sondern die Nerven. In gewissem Sinne ist dies auch die Lehrmeinung der Mesmeristen, obschon manche Erfahrungen dem zu widersprechen scheinen. „Wenn man mich zur Ader lässt – erfährt Du Potet von einer Somnambulen – so fühle ich, dass mich eine große Menge magnetischer Kraft verlässt. Eine Person, welche sehr beeindruckbar wäre für die magnetischen Fluide, würde leicht einschlafen, wenn sie den Dampf einatmet, der aus dem Blut bei dem Austritt aus den Adern entweicht." Es darf jedoch nicht übersehen werden, dass diese Spekulationen über die Lebenskraft zu ziemlich verschwommenen und unklaren Begriffsbildungen geführt haben. So schreibt beispielsweise Max Heindel in seiner „Weltanschauung der Rosenkreuzer": „Das Blut ist der höchste Ausdruck des Lebensleibes, denn es ernährt den gesamten physischen Organismus", um an andrer Stelle zu behaupten: „ . . . sind der Hauptausdruck des Lebensleibes das Blut und die Drüsen, auch das sympathische Nervensystem".

Es ist hier nicht der Ort, näher auf diese Spekulationen einzugehen; halten wir nur fest, dass das Blut einerseits als Träger des Lebensprinzips und andrerseits als Repräsentant des unteilbaren Ichs gilt.
Als Repräsentant des Ichs wurde das Blut zu mancherlei eigenartigen Zeremonien benutzt. Eine Szene aus Goethes „Faust“ illustriert sehr zutreffend die diesen Handlungen zugrunde liegende Idee. Es ist dies folgender Passus:

Faust: „Auch was Geschriebenes forderst du, Pedant?
Was willst du böser Geist von mir?
Erz, Marmor, Pergament, Papier?
Soll ich mit Griffel, Meißel, Feder schreiben?
Ich gebe jede Wahl dir frei“.
Mephistopheles: „Wie magst du deine Rednerei
Nur gleich so hitzig übertreiben?
Ist doch ein jedes Blättchen gut,
Du unterzeichnest dich mit einem Tröpfchen Blut.
Blut ist ein ganz besonderer Saft!“

Nach dem magischen Prinzip „Der Teil für das Ganze“ konnte Mephistopheles sich mit einem Tröpfchen von Faustens Blut begnügen, um dadurch dessen ganze Individualität in Gewalt zu haben. Der Brauch, Bündnisse mit Blut zu bekräftigen, ist uralt. Es sollte dadurch eine magische Verbindung zwischen zwei Individuen hergestellt werden.
Bereits Herodot (I. 74) weiß zu berichten: „Die Meder und Lyder ritzen sich am Arm in die Haut und lecken dann einander das Blut ab“. Von den Skythen berichtet Herodot (IV. 70): „Sie schließen auf folgende Weise Verträge. Sie gießen Wein in eine große irdene Schale, vermischen ihn, nachdem die Vertragschließenden sich mit einem Messer geritzt haben, mit dem Blut und tauchen dann Schwert, Pfeile, Streitaxt und Wurfspieß in die Schale. Darauf trinken sowohl die Vertragschließenden selbst, als auch die

Vornehmsten ihres Gefolges".
Auch Tacitus berichtet in seinen „Annalen" (XIL 47) von dieser Sitte: „Die Könige pflegen, wenn sie einen Vertrag schließen, sich die rechten Hände zu geben und die Daumen aneinanderzuknoten. Dann locken sie durch einen leichten Stich Blut hervor und lecken dies gegenseitig. Solch ein Bund gilt für etwas Geheimnisvolles, gleichsam durch das beiderseitig vergossene Blut Geweihtes".
Bei weniger gesitteten Volksstämmen bildet diese Zeremonie ein richtiges Blut trinken, so z. B. bei den Kurmanen, einem asiatischen Steppenvolk. „Um Bündnisse desto heiliger zu machen", berichtet Friedrich Rüß in seinem „Handbuch der Geschichte des Mittelalters" (S. 322), „ließen sie Blut aus ihren Adern in einen Becher rinnen und tranken ihn aus, um eines Blutes zu werden".
Bei den Mongolen ist das Bluttrinken zur Bekräftigung von Bündnissen allgemein üblich. „Diese Riten sind uralt", schreibt Salomon Reinach (Orpheus, S. 225) „und finden sich auch noch anderwärts vor als bei den Mongolen und Tartaren und bezwecken, eine künstliche Blutbrüderschaft herzustellen". Auf gleiche Weise hat auch die Urbevölkerung Irlands ihre Abkommen bekräftigt.
Wie Jakob Grimm zu berichten weiß, soll das Bluttrinken zur Bekräftigung des gegebenen Wortes bei den alten Germanen nicht üblich gewesen sein. Bei vielen Naturvölkern ist das Bluttrinken noch heute üblich. Stanley, Peters, Livingstone und andere neuere Afrikaforscher haben Blutbruderschaft mit Häuptlingen geschlossen. Bei diesen Zeremonien wurden die Arme entblößt, geritzt und das Blut gegenseitig ausgesogen.
Für die Menschen auf einer primitiven Kulturstufe waren die hauptsächlichsten Anlässe zum Abschluss eines Bündnisses: Krieg und Heirat. Bei zahlreichen Völkern bestand daher die Sitte, die Verehelichung durch Blut zu besiegeln. Cassel behauptet in seiner „Symbolik des Blutes", dass es bei den Israeliten üblich war, dass das Brautpaar Blut aus ihren Fingern bei der Hochzeit vermischte. Auch noch in neuerer Zeit sollen die Juden an verschiedenen Orten, so z. B. in Schlesien, diese Sitte befolgen. Dies wird allerdings von H. L.

Strack auf Grund eingezogener Erkundigungen in Abrede gestellt. Ein Überbleibsel des früheren Blutvertrages findet sich in indischen Hochzeitsgebräuchen wieder. Bei den niederen Kasten angehörigen Bewohnern von Nordindien wird die Braut dadurch in die Sippe des Mannes eingeführt, dass sie am Scheitel mit einem roten Farbmal versehen wird. Es unterliegt wohl keinem Zweifel, dass hierbei die rote Farbe anstelle des Blutes benutzt wird.

Lombroso hat nachzuweisen versucht, dass der geborene Verbrecher viele morphologische Merkmale des primitiven Menschen aufweist und dass in der Verbrecherwelt noch mannigfache symbolische und abergläubische Handlungen als Überbleibsel aus einer primitiven Kulturstufe anzutreffen sind. Es ist daher nicht überraschend, dass auch noch heutzutags in gewissen Verbrecherbanden die Sitte herrscht, einen Treuschwur mit Blut zu besiegeln. Im Jahre 1881 wurde in Süditalien die berüchtigte Verbrecherbande „Infame Lege“ festgenommen, die manche Jahre hindurch ihr Unwesen trieb. Die Gebräuche dieses Bundes hatten große Ähnlichkeit mit denjenigen der „Mala vita“ von Bari. Jeder Neuaufgenommene musste mit dem Bandenführer in der Weise Blutbrüderschaft trinken, dass sie aus einer Ritzwunde, die sie sich selbst an der Brust, in der Herzgegend, beibrachten, das Blut heraussogen und tranken.

Beim Abschluss der Blutsbrüderschaft fand bei den alten Germanen eine symbolische Handlung statt, die Jakob Grimm in seiner „Geschichte der deutschen Sprache“ (S. 136) folgendermaßen darstellt: „Wenn zwei untereinander Brüderschaft schlossen, schnitten sie einen Streifen Rasen auf, so dass er mit beiden Enden am Grunde hängen blieb und in der Mitte ein Speer unterstellt wurde, der den Rasen hob. Dann traten sie unter den Rasen und jeder stach oder schnitt sich in die Fußsohle oder flache Hand; ihr ausfließendes oder zusammenlaufendes Blut mischte sich mit der Erde. Dann fielen sie aufs Knie und riefen die Götter an, dass sie einer des andern Tod gleich Brüdern rächen wollten“.

Dieses Vermischen des gemeinsamen Blutes, als Träger zweier Ichheiten, unter der Erde, sollte das unverbrüchliche Zusammenhalten über den Tod hinaus versinnbildlichen. Dieser altgermanische Brauch steht bereits in gewissem Zusammenhang mit der Blutrache.

*

Der Glaube an eine nachirdische Fortexistenz lässt sich zurückverfolgen bis in die graueste Vorzeit. Eine Folge dieses Gebrauches war die Totenbestattung mit ihren mannigfachen Gebräuchen. In prähistorischen Begräbnisstätten finden sich neben dem Skelett mancherlei Gebrauchsgegenstände vor. Der Brauch, den Toten mancherlei Geräte, Waffen, Schmucksachen und dgl. ins Grab zu legen, beruhte unverkennbar auf der Vorstellung eines nachirdischen Weiterlebens. Mit dem Glauben an eine nachirdische Fortdauer war auch die Vorstellung verbunden, dass die Toten Einfluss auf die Geschicke der Lebenden auszuüben vermochten. Dieser universale Glaube hat zu den mannigfachen Formen des Totenkultes geführt. Solchen Anschauungen entsprang auch die Blutrache.

Diese primitivste Form des Rechtsschutzes legte den nächsten Blutsverwandten des Getöteten die unbedingte Pflicht auf, an dem Mörder mit eigener Hand Rache zu nehmen. Blut musste durch Blut gesühnt werden.

Das Blut ist der Repräsentant des Individuums. War es nicht möglich, den Mörder zu töten, so musste wenigstens dessen Blut zur Sühne fließen, damit der Ermordete im Jenseits Ruhe finden kann.

Auch bei dem Gebrauch, den Toten Menschenopfer darzubringen, spielte die Absicht mit, die Geister der Verstorbenen mit dem warmen, roten Lebenssaft zu erquicken. Dies scheint der Sinn der in Dahomey üblichen Sitte zu sein, die Gräber der Vorfahren des Königs mit Blut zu begießen. Auch in Aschanti kommen zwecks Berieselung der Königsgräber oft Menschenopfer vor. Nach primitiven Begriffen ist das Blut das Leben, daher heißt Blut empfangen: Leben empfangen. Wenn sich die Samoaner als Leidtragende bei einem Begräbnis den Kopf mit Steinen bearbeiten, bis Blut fließt, so nennen sie das „ein Blutopfer für den Toten“. Das Blut galt als eine Art Ablösung für das Leben, wie ja auch bei älteren

Kulturvölkern, sowie noch heute bei den Naturvölkern Afrikas, die Witwe beim Begräbnis des Mannes statt ihr Leben einige Tropfen Blut opfert.

Anfänglich wurde die Blutrache nur an dem Mörder persönlich geübt, späterhin jedoch ward es Sitte, sich unterschiedslos an den Mitgliedern seiner Sippe zu rächen, da alle Stammesangehörige eines Blutes waren und somit die gemeinsame Schuld an dem Verbrechen trugen. In noch ausgedehnterer Form wird die Blutrache bei den Maoris geübt. Den „heiligen Kampf“ (taua tapu) oder „Blutkampf“ (taua toto) bei den Maoris schildert E. Dieffenbach in „Travels in New-Zealand“ folgendermaßen: „Ist Blut vergossen worden, so macht sich eine Gruppe auf den Weg und tötet die erstbeste Person, die sie begegnet, einerlei ob Feind oder Stammesgenosse; selbst ein Bruder wird geopfert, wenn es der Zufall fügt. Stößt man unterwegs auf niemand, so pflückt der Tohunga (Priester) etwas Gras und wirft es unter Beschwörungen in einen Fluss, nachher genügt es, einen Vogel oder ein anderes zufällig in die Quere kommendes Lebewesen umzubringen, doch muss dabei Blut fließen. Alle Teilnehmer an einem solchen Streifzug sind tabu und dürfen nicht rauchen und keine andere als einheimische Nahrungsmittel essen. Diese Bräuche hatten wahrscheinlich den Zweck, den wütenden Geist des Verstorbenen zu besänftigen, vielleicht gleichzeitig auch den, den Geist mit Blut zu erfrischen“.

Die Idee der Blutrache ist bei allen Völkern des Altertums seit den frühesten Zeiten anzutreffen und auch im Schrifttum, z. B. bei Cicero und Ovid nachzuweisen. Diese Sitte erhielt sich die Jahrhunderte hindurch, und auch das Christentum vermochte es lange Zeit hindurch nicht, diesen Brauch zu unterdrücken. Trotz aller Verbote von Kirche und Staat erhielt er sich das ganze Mittelalter hindurch.

Noch das thüringische Volksrecht von 802 legt dem Erben des Getöteten die Verpflichtung auf, seinen Tod zu rächen. Es mag wohl sein, dass das testamentarische Erbrecht in seinen Ursprüngen auf den universalen Glauben der Blutsühne zurückzuführen ist. Erst nach vielfachen Wandlungen der Gesellschaftsformen und der Sitten,

welche die volle Entfaltung der Territorialhoheit und das Erlöschen des Sippengeistes mit sich brachten, schwand dieser Brauch allmählich. Dass dessen Erlöschen sich nur recht langsam vollzog, beweist allein schon die Tatsache, dass die Totschlagsühne noch bis in die Mitte des 16. Jahrhunderts in Deutschland nachweisbar ist.
Völlig ausgestorben ist die Blutrache auch jetzt noch nicht, so namentlich bei manchen Völkern des Ostens, wie z. B. bei den Arabern, Albanern, Mirditten, Persern, Kaukasiern usw. In Montenegro wurde noch im Gesetzbuch des Fürsten Danilo von 1855 (Art. 39) die Blutrache geregelt und nur die am Mörder selbst verübte für erlaubt erklärt. Ungeachtet aller Bemühungen der französischen Regierung herrschte die Blutrache noch bis zu Ende des vorigen Jahrhunderts auf der Insel Korsika und forderte alljährlich eine beträchtliche Zahl Opfer.
Trotz allem ist die atavistische Vorstellung, dass dem Blut eine besondere sühnende Kraft zu eigen ist, auch noch bei den modernen Menschen lebendig. So vor allem in dem Duellunwesen, das verlangt, dass eine irgendwie ramponierte „Ehre“ mit Blut aufgefrischt werden muss. Dieser Blutglaube kann unter Umständen katastrophale Folgen haben. Als 1914 in Serajewo der bekannte Doppelmord geschah und Serbien bereit war, Österreichs Forderungen zu genügen, da wies der österreichische Minister Graf Leopold von Berchtold diese Bereitwilligkeit zurück mit dem folgenschweren Wort: „Die Ehre der Monarchie lässt es nicht zu!“ Die Ehre der Monarchie musste im Blut blank gewaschen werden. So floss denn Blut, Blut aus vielen Millionen Menschenleibern, vier endlose Jahre lang.
In jenen Zeiten aber, wo die Ehre noch mit Blut reingewaschen wurde, kämpften die Könige selbst an der Spitze ihrer Getreuen?
Für die ideengeschichtliche Erforschung eines Tatsachengebietes ist es immer wichtig festzustellen, welche Summe von Prinzipien notwendig und ausreichend ist, um dieses Gebiet in seiner Gesamtheit begreiflich zu machen. Wir haben bisher erfahren, dass das Blut einerseits als Träger der Vitalität, andrerseits als

Repräsentant der Individualität angesehen wurde. Diese beiden Prinzipien genügen auch zur Durchleuchtung jener Gebiete, die wir im Folgenden behandeln werden.
Die Annahme, dass das Blut der Repräsentant der Individualität sei, schließt die Annahme eines „geistigen Wesens“ ein, einer „Seele“ als Ursache des Lebens, Denkens, Fühlens und Wollens. In dem Blutaberglauben verquickt sich also die Idee des Sinnlichen mit jener des Übersinnlichen.
Die Vorstellung der Seele bei dem primitiven Menschen erklärt Tylor aus dem Traumerlebnis. Während der Körper totähnlich daliegt, kann die Seele sich betätigen, so wird sie als bewegendes und belebendes Prinzip begriffen. Sie wird zum imaginären Doppelgänger des physischen Körpers. Bei dem Primitiven ist die Tendenz unverkennbar, alle Naturvorgänge durch Beseelung zu erklären. Der primitive Mensch – wie auch bei Kindern zu beobachten ist – projiziert sein Selbst nach außen. Für die ideengeschichtliche Erfassung der Magie und des Aberglaubens ist der Animismus von eminenter Bedeutung. „Man findet gewöhnlich“, bemerkt Tylor, „dass die Theorie des Animismus in zwei große Dogmen zerfällt, welche Teile einer zusammenhängenden Lehre bilden; das erste betrifft Seelen von individuellen Geschöpfen, die nach dem Tode oder Vernichtung des Körpers ihre Existenz fortzuführen vermögen, während das zweite andere Geister betrifft, bis zum Range von mächtigen Gottheiten hinauf“.
Zwischen dem Animismus und der Magie besteht eine enge Verwandtschaft. Für die magische Betrachtungsweise vollzieht sich das objektive Geschehen in der Natur nicht nach einer effektiven Kausalität, sondern nach analogischen Gesetzmäßigkeiten. Die Magie bezweckt einen Durchbruch der physikalischen Kausalität durch die der Persönlichkeit entströmenden Macht. Wo die wirkende Persönlichkeit nicht unmittelbar wahrgenommen werden kann, da ist sie ein übersinnliches, seelenhaftes Wesen. Der animistische Mensch projiziert seelische Potenzen nach außen und verwandelt sie in Dämonen. Nach seiner Betrachtungsweise liegt jeder Begebenheit,

jeder Erscheinung das Wirken eines Geistes oder Dämons zu Grunde. Das magische Denken stimmt in seiner folgerichtigen Entwicklung daher mit dem Animismus überein, nach dem alles Geschehen durch persönlich gedachte Potenzen beherrscht und geleitet wird. Die Magie will durch eine bestimmte Handlung – die als solche sinnliche Existenz hat – auf übersinnlichem Wege bestimmte Resultate zeitigen. Dies berechtigt Leo Kaplan zu der Definition: „Die Magie ist eigentlich ein Kompromiss zwischen Animismus und Realismus".
Entwicklungsgeschichtlich lassen sich zwischen der Magie und der Medizin in weitgehendem Maße sehr intime Zusammenhänge nachweisen. Das magische Denken ist seinem innersten Wesen nicht kausaler, sondern assoziativ-analogischer Art. In ihren Uranfängen lag der Medizin der gleiche Denkmechanismus zu Grunde. Der primitive Mensch suchte jedes Missgeschick und ganz besonders die Krankheit mit Hilfe magischer Denkgewohnheiten zu erklären. Es ist eine allgemeine Tendenz des Menschen auf allen Kulturstufen, das Neue, noch nicht Begriffene im Sinne der ererbten Erfahrung begreiflich zu machen. Da der primitive Mensch abstrakten Begriffsbildungen im allgemeinen abgeneigt ist, verfällt er häufig dem Denkfehler, rein äußerliche Ähnlichkeiten zu inneren Übereinstimmungen zu vertiefen, und er nimmt sodann für die verglichenen Dinge analogieweise die gleichen Gesetze an. Die Analogiebetrachtung bildet tatsächlich die erste und primitivste Form wissenschaftlicher Begriffsbildung. Der Analogieschluss kennzeichnet die vorwissenschaftliche Phase auf jedem Gebiet menschlichen Erkenntnisstrebens. Es ist daher durchaus verständlich, dass der Analogieschluss auch im Entwicklungsstadium der Medizin eine kapitale Rolle spielte.
Aus der Erkenntnis der vitalen Bedeutung des Blutes entwickelten sich frühzeitig gewisse hygienische Ideen, die allerdings mit rituellen und religiösen Elementen vermischt waren, da die Priester die Medizin und das ganze Wissen beherrschten. Bereits Moses, den wir in gewissem Sinne als Exponent altägyptischen Wissens betrachten können, lehrte den großen Wert der Reinhaltung des Blutes, da „des

Leibes Leben in dem Blute ist“.

Solchen religiös-hygienischen Vorschriften lagen meist magische Vorstellungen zu Grunde und betrafen meist Speiseverbote. In Brasilien essen noch heute manche Völker keine Enten, noch andere langsame Tiere, um nicht ebenso träge zu werden wie diese. Die Karaiben essen keine Schildkröten, um nicht ebenso schwerfällig zu werden. Die Zoparas glauben rasch zu werden durch das Essen von Vögeln, Fischen und Affen. Die meisten Speiseverbote beruhen auf magisch-analogischem Denken und finden ihre Berechtigung in der Maxime „der Mensch ist, was er isst“, die neuerdings Prof. Moleschott als diätetische Grundregel aufgestellt hat. Man unterschied zwischen „reinen“ und „unreinen“ Tieren, d. h. solchen, deren Lebensgeist dem Menschen im magischen Sinne zuträglich oder schädlich ist. Es war von höchster Wichtigkeit, den eigenen Lebensgeist von der Beimischung fremder Wesenheiten freizuhalten. Daher war den Israeliten der Genuss von tierischem und menschlichem Blute verboten. So heißt es denn bei Moses (3. 17.12-14): „Darum habe ich gesagt den Kindern Israel: Keine Seele unter euch soll Blut essen; auch kein Fremdling, der unter euch wohnt. Und welcher Mensch, er sei vom Hause Israel oder ein Fremdling unter euch, ein Tier oder Vogel tötet auf der Jagd, das man isset, der soll desselben Blut vergießen und mit Erde zuscharren. Denn des Leibes Leben ist in seinem Blute, so lange es lebt, und ich habe den Kindern Israel gesagt: Ihr sollt keines Leibes Blut essen, denn des Leibes Leben ist in seinem Blut, wer es isset, der soll ausgerottet werden“. An andrer Stelle (3. 7, 26) heißt es: „Ihr sollt auch kein Blut essen, weder vom Vieh noch von Vögeln, wo ihr wohnet“.

Außer der Reinhaltung des Blutes war man auch darauf bedacht, dieses vitale Element magisch zu schützen. Eine derartige Prozedur ist vielfach in Tripolis gebräuchlich. Dort stehen besondere Medizinmänner im Ruf, die Kunst der „Blutsegnung“ ausüben zu können. Diese Operation verläuft folgendermaßen: Der Patient kniet nieder, der Medizinmann nimmt Feuerstein und Stahl hervor, ruft „Bismillah, im Namen Gottes“, schlägt Funken und murmelt eine

Sure des Korans, und fertig ist der Hokuspokus. Das Blut ist gesegnet und der Patient ist gegen Krankheiten gewappnet. Bemerkenswert ist, dass Allah nur demjenigen die Kraft der Blutsegnung gewähren soll, der viele Köpfe von Ungläubigen abgeschlagen hat".

Abgesehen von unwesentlichen Äußerlichkeiten ist die Blutsegnung auch noch heute in der katholischen Kirche üblich. Am 2. Februar, am Vorabend des Sankt Blasiustages, findet in den katholischen Kirchen eine analoge Zeremonie statt. Die Gläubigen knien mit gebeugtem Haupte vor dem Priester nieder, welcher über ihrem Nacken zwei brennende Kerzen kreuzt und dabei eine Segensformel spricht. Dieser Brauch rührt angeblich daher, weil St. Blasius einen Knaben rettete, dem eine Gräte im Halse stecken geblieben war, und seither als Schutzpatron wider das Halsweh verehrt wird. Der Ursprung dieser Zeremonie ist jedoch wohl viel älteren Datums und ist sicherlich in vorchristliche Zeiten zu verlegen, denn diesem Brauch liegen unverkennbar magisch-astrologische Vorstellungen zu Grunde. Es ist beachtenswert, dass diese Zeremonie im Monat Februar stattfindet, wo die Sonne in das Zeichen Fische tritt, wo sie ihren jährlichen Kreislauf beendet. Nach symbolischer Auffassung ist die Sonne von ihrer Wanderung ermüdet und analogieweise nimmt daher die Volksmedizin an, dass um diese Zeit das Blut am schwächsten ist, wie auch der Saft in Pflanzen und Bäumen träge und kraftlos ist. Aus dieser Vorstellung ging der Brauch hervor, um diese Zeit das Blut zu „segnen", d. h. magisch zu schützen.

Zu Gunsten der Annahme, dass der „Blasiussegen" ursprünglich ein „Blutsegen" war, spricht der Umstand, dass in den früheren Kalendern der St. Blasiustag als ein sogenannter „Lass-Tag" bezeichnet wurde, d. h. als ein Tag, an dem das Aderlassen ratsam war. In manchen Gegenden, so z. B. in Steiermark, Oberpfalz und anderwärts, lebt dieser Brauch auch heute noch fort.

Die ursprüngliche animistische Denkweise nahm mit zunehmender Erkenntnis präzisere Formen an. Die Krankheiten wurden nicht mehr als die Wirkung von Geistwesen angesehen. Man nahm eine

Krankheitsmaterie an.
Anstelle eines immateriellen Krankheitsdämons nahm man ein luftartiges Prinzip, Pneuma, an, das bei der Atmung in die Lungen dringt und von dort in das Blut übergeht. Diese Auffassung, die besonders von Athenaios aus Kilikien verbreitet wurde, spielte eine gewisse Rolle in der griechischen Medizin.
Hippokrates von Kos (460 v. Chr.) stellte die Lehre auf von den vier Kardinalsäften des Körpers: Blut, Schleim (Phlegma), gelbe Galle (Cholera) und schwarze Galle (Melancholia), von deren Beschaffenheit und richtigem Verhältnis die normalen Leibesfunktionen abhängig waren. Krankheiten sollen infolge der quantitativen, bzw. qualitativen Veränderung eines oder mehrerer Säfte entstehen und die überwiegende und unveränderte Flüssigkeit musste aus dem Körper entfernt werden. Wenn man die Krankheitsmaterie im Blute vermutete, aber auch in anderen Fällen, machte man vom Aderlass Gebrauch. Schon die Entziehung weniger Blutstropfen aus oberflächlichen kleinen Hautvenen wurde als Aderlass bezeichnet. Von ihr bis zur Eröffnung großer Gefäße mit Blutverlusten bis zur Ohnmacht findet man alle Nuancen.
Die Vorstellung von einer Krankheitsmaterie hat sich auch noch heute in dem volkstümlichen Ausdruck „schlechtes Blut“ erhalten. Mit dieser Bezeichnung verbindet der Laie keinen bestimmten Begriff, und ganz nebelhafte Vorstellungen vererben sich von Geschlecht zu Geschlecht, um ohne viel Nachdenken sich einen Ausdruck für krankhafte Erscheinungen zu verschaffen. Als die eigentliche Krankheitsursache musste das „schlechte Blut“ folgerichtig aus dem Körper abgezapft werden. Diese Operation durfte aber nicht wahllos zu einer beliebigen Zeit vorgenommen werden.
Am Ausgang des Altertums stand die Astrologie in hohem Ansehen und übte einen weitgehenden Einfluss auf das wissenschaftliche Denken aus. Die Planeten übertragen ihre Influenz auf die Luft, das Pneuma, und wirken somit auf den Menschen, bedingen Gesundheit und Krankheit. Seit der Erneuerung des Geisteslebens in Byzanz,

hauptsächlich aber seit dem Vordringen der arabischen Philosophie und Wissenschaft im Abendland gewann die Astrologie neuerdings Einfluss auf die Geister. Unter dem Einfluss der Araber, die der Astrologie und der Heilkunde neue Impulse gaben, entstand jene eigenartige Praxis des Aderlassens nach astrologischen Gesichtspunkten, die wir das ganze Mittelalter hindurch und auch noch in der Gegenwart antreffen.

Das Aderlassen war zu einer förmlichen Kunst ausgebaut worden, die nur an bestimmten Tagen, je nach dem Stand des Mondes und der Planeten in den verschiedenen Tierkreiszeichen, und zu genau bestimmten Stunden ausgeübt werden durfte, denn die vier Kardinalsäfte führen innerhalb der 24 Stunden eines Tages abwechselnd die Herrschaft über den Körper. Nach dieser Auffassung gehören die ersten vier Stunden des Tages und der Nacht dem Blute, das zweite Tages- und Nachtviertel der Cholera, das dritte der Melancholia und das vierte dem Phlegma.

Solche Vorschriften über die Zeiten des Aderlassens bildeten Jahrhunderte hindurch eine stehende Rubrik der astrologischen Almanache. Wegen des gesundheitlichen Schadens, der durch die volkstümlichen Aderlasspraktiken angerichtet wurde, stellte 1769 die medizinische Fakultät von Würzburg den Antrag, die Aderlasstafeln in den Kalendern zu untersagen.

*

Es war ein naheliegender, unvermeidlicher Analogieschluss, das Blut, der Träger des Lebensprinzips, zu Heilzwecken zu benutzen. Bereits seit uralten Zeiten ist Menschenblut als Heilmittel benutzt worden.

Schon nach dem Nei-king, einem chinesischen Arzneibuch, dessen Ursprung auf das dritte vorchristliche Jahrtausend zurückgeführt wird, gilt das Blut als eine heilkräftige Substanz par excellence. Dann finden wir seinen therapeutischen Gebrauch auch in dem im 15. Jahrhundert vor Chr. verfassten Papyros Ebers erwähnt.

Eine der gefürchtesten Krankheiten im alten Orient war der Aussatz. Bei Plinius und anderen Schriftstellern finden wir den Bericht, dass der Auszug der Juden aus Ägypten erfolgt sei, weil der aussätzige Pharao zu seiner Heilung das Blut von 150 Judenkindern verlangt habe. Außer Blutbädern benutzten die alten Ägypter auch vielfach Abwaschungen mit Blut als Heilmittel gegen verschiedene Krankheiten. Inbetreff der Elephantiasis schreibt Plinius in seiner „Naturgeschichte“ (XXVI. 1. 5): „In Ägypten war diese Krankheit vorzugsweise zu Hause, und wenn sie Könige befallen hatte, so war dies für die Völker unheilvoll; dann nämlich wurden die Sessel in den Bädern der Heilung wegen mit Menschenblut gewärmt“.

Menschenblut galt nicht nur im alten Orient als Heilmittel gegen den Aussatz, sondern auch im Abendlande. Von König Ludwig XI. von Frankreich weiß Valerius Anshelm in seiner „Berner Chrorik“ (I. 320) zu berichten, dass er wegen des Aussatzes Kinderblut benutzt habe. Auch Paracelsus (1493-1541) kennt Menschenblut als Mittel gegen den Aussatz und zu dem gleichen Zweck empfiehlt es auch der Züricher Professor und Stadtarzt Johannes von Muralt in seinem „Hippocrates Helveticus“ (Basel 1692).

Die gleichen Denkvoraussetzungen, die der Verwendung des Blutes zu Heilzwecken zu Grunde lagen, führten auch dazu, dasselbe zur Lebensverlängerung zu benutzen. Solche Fälle kennt die Geschichte in Hülle und Fülle. Hier nur ein markantes Beispiel über das Ende des Papstes Innocenz VIII (gest. Juli 1492) berichtet Ferd. Gregorovius in seiner „Geschichte der Stadt Rom im Mittelalter“ wie folgt: „Von seinen habsüchtigen Nepoten umringt, lag Innocenz VIII unterdess sterbend im Vatikan. Er vermochte kaum noch andere Nahrung zu sich zu nehmen als Frauenmilch. Sein jüdischer Leibarzt kam auf den Gedanken, dem Sterbenden das Lebensblut von Knaben einzuflößen: Drei zehnjährige Knaben gaben sich dazu um Geld her und sie starben als Opfer dieses frevelvollen Experimentes. Der Sterbende, so sagt man, gab seine Einwilligung dazu nicht, er stieß den Arzt von sich“. Das Blutgeld war ein Dukat für jedes arme Kind. Die gleiche Begebenheit schildert Lenau wie folgt:

Zu Papst Innocenz spricht der Arzt:

„Der müde Strom des heiligen Lebens
In Deinen Adern sickert schon,
Die Spezerei ist all vergebens,
Hier hilft allein die Transfussion“.

Der Papst antwortet:

„Drei frische Knaben
Hat Tubal, stehlt sie mir geschwind!
Ihr Herzblut soll das meine laben.
Macht schnell! Ein Jude braucht kein Kind!“

„Seht ihr das Blut hinüberspritzen?
Das Blut der Unschuld, hell und rot,
In seine schwarzen Lasterpfützen?
Weh mir! Nun sind die Kinder tot!“

In der Geschichte der Medizin bildet die Bluttransfusion zur Lebenserneuerung ein Kapitel, das Jahrhunderte umfasst. Wir können an dieser Stelle nicht näher auf dieses Thema eingehen. Die Blutübertragung war zu gewissen Zeiten geradezu eine Modesache geworden, und infolge verschiedener missglückter Versuche musste das Pariser Parlament im Jahre 1668 derartige Verjüngungskuren unter Strafe stellen.

Bemerkenswert jedoch ist, dass diese Verjüngungsmethode in neuester Zeit wieder aufgetaucht ist. In seinem zu Anfang dieses Jahres (bei Aibin Michel, Paris) erschienenen Buch „Coimnent rajeunir?“ empfiehlt Dr. Helan Jaworski die Transfussion jungen Blutes zur Bekämpfung der Alterserscheinungen. Im Gegensatz zu der üblichen Bluttransfusion nach schweren Blutverlusten bei Operationen oder Verletzungen handelt es sich hier nur um eine ganz minime Dosis möglichst jungen Blutes, das im Organismus gewissermaßen als Ferment wirken soll.

Der Genuss von Menschenblut galt als ein vorzügliches

Stärkungsmittel. Der römische Geschichtsschreiber Rufus Festus weiß zu berichten, dass die von Ausschweifungen erschlafften Patrizier sich mit „Assiratum“ zu stärken pflegten. Dieser Trank war ein Gemisch von aromatischem Wein und dem Blut junger Sklaven.
Die innerhalb einer primitiven Kultur weit verbreitete Sitte, vom Blute der erschlagenen Feinde zu trinken, bildet die unmittelbarste Beziehung zu animistischen Vorstellungen, denn mit seinem Blute meint man die Stärke und Tapferkeit des Erschlagenen sich anzueignen. Bei südlichen und östlichen Völkern ist der Brauch des Bluttrinkens überall nachzuweisen. Neben Met war das Blut ein regelmäßiger Trank der heidnischen Slaven. In der Chronik des Abtes Regino von Prüm wird auch das Bluttrinken der Ungarn erwähnt.

Noch im 11. Jahrhundert musste die Kirche den Genuss menschlichen Blutes als Heil- und Stärkungsmittel ausdrücklich verbieten. Der Genuss von Menschenblut galt speziell gegen Fallsucht als ein probates Mittel. Hierbei gelangen die animistischen Vorstellungen inbetreff des Blutes stärker zum Ausdruck, da die Epilepsie in der Betrachtungsweise früherer Zeiten als eine dämonische Krankheit, als richtige Besessenheit galt. Diese Auffassung liegt auch der volkstümlichen Bezeichnung „böses Wesen“ für die betreffende Krankheit zu Grunde, die an vielen Orten gebräuchlich ist.

Die Denkvoraussetzungen, die zum Gebrauch menschlichen Blutes als Epilepsiemittel führten, erklärt Höfler folgendermaßen: „Die Dämonen aber, die Seelengeister, lechzen nach neuem Leben, nach Milch und Blut. Dieser Blutdurst ist den chthonischen Wesen eigen; ein rohes, warmes Blut mit den Seelengeistern mitzugenießen. Die Kommunio oder kommuniale Omophagie war eines der ältesten Mittel, um die übernatürlichen Seelengeisterkräfte zu gewinnen; blutige Opfer an die Dämonen beherrschenden Gottheiten und an die Dämonen selbst verschafften die Möglichkeit, auch die von den Dämonen gebrachten Krankheiten zu heilen.“

Menschenblut als Epilepsiemittel ist bereits Plinius bekannt, denn in seiner „Naturgeschichte“ (XXVIIL 1. 20) heißt es: „So trinken die Fallsüchtigen sogar das Blut von Fechtern, gleichsam aus lebendigen Bechern . . . Sie halten es für das wirksamste Mittel, das Blut, noch warm, noch wallend, aus dem Menschen selbst und so zugleich den Lebensodem selbst aus dem Munde der Wunde zu schlürfen“. Scribonius Largus empfiehlt an mehreren Stellen des „Medicamentorum compositiones“ gegen Epilepsie den Genuss von Menschenblut. Gleichen Rat geben auch die Ärzte der byzantinischen Periode (3.-6. Jahrh.) Aetus und Alexander von Tralles.

Später, als es keine Gladiatorenkämpfe mehr gab, benutzte man das Blut der Hingerichteten. Schon Aretäens Cappadox, ein Arzt des 1. und 2. christlichen Jahrhunderts, erzählt (De curatione morborum I. cap. IV), dass er selbst gesehen habe, wie Epileptiker auf dem Richtplatz das Blut des enthaupteten Verbrechers aufgefangen und getrunken hätten.

Dieser Aberglaube lässt sich Jahrhunderte hindurch verfolgen. Der bekannte Märchendichter Andersen beschreibt in seiner Selbstbiographie eine Hinrichtung, die er 1823 bei dem dänischen Städtchen Skelskör gesehen hatte. „Ich sah einen armen Kranken, den seine abergläubischen Eltern einen Becher vom Blut des Hingerichteten trinken ließen, damit er von der Epilepsie geheilt werde; wonach sie mit ihm in wilder Fahrt davon liefen, bis er zur Erde sank“. In der „Chronik der freien Bergstadt Schneeberg“ berichtet Carl Lehmann die am 15. Dezember 1823 zu Zwickau vollzogene Hinrichtung des Mörders Karl Heinrich Friedrich. Am Schluss sagt er: „Und mit eigenen Augen haben wir es gesehen, wie ein Topf voll Blut des Hingerichteten von Personen ausgetrunken wurde, und wie man diese Personen, meistens Kinder, mit Peitschenhieben zu dem schnellsten Laufe über das Feld hintrieb. Zeichen des erleuchteten 19. Jahrhunderts!“ In dem 1849 zu Rostock erschienenen Büchlein „Die sympathetischen Mittel und Kurmethoden“ schreibt Dr. Most: „Ein bedeutendes, oft sogar tödlich wirkendes Mittel ist das noch warme Blut eines Hingerichteten, wovon der Fallsüchtige etwas trinkt, oder das Läppchen, womit es aufgefangen worden, aufsaugt. Alsdann muss er stark laufen, so dass er in Schweiß gerät. Ich weiß von einem Kranken, der nach dem Genusse jenen Blutes kaum hundert Schritte weit kommen konnte, alsdann aber tot nieder stürzte. Ich bin der Meinung, dass der psychische Eindruck durch Widerwillen usw. nicht das allein Wirksame dieser Kur ausmacht, sondern dass auch das von der Todesangst veränderte, vielleicht giftig gewordene Blut des Hingerichteten mit in Betracht kommt".

Dass die gleiche Anschauung noch immer im Volke lebendig ist, beweist eine Notiz des „Dresdener Anzeigers" vom 25. Juli 1908, wonach vor der Hinrichtung der Grete Beyer sich eine ältere Frau aus einem bei Freiberg gelegenen Dorfe an einen Schutzmann wandte mit der Bitte, ihr doch behilflich zu sein, eine kleine Menge Blutes von der Deliquentin zu bekommen, da sie in ihrer Bekanntschaft ein junges epileptisches Mädchen habe, dem sie durch das Blut der Grete Beyer helfen wolle.

Das Streben der mittelalterlichen Medizin ging vornehmlich dahin, eine Universalmedizin, eine Panazee, zu finden. Wegen seiner vitalen Bedeutung bildete Menschenblut ein Hauptbestandteil jener wunderlichen Arzneimischungen, die in den mannigfachen Dreck- und Wunderapotheken des Mittelalters ausführlich beschrieben werden. In der anonymen Schrift „Curieuse, neue, seltene, leichte, wohlfeile, gewisse, bewehrte, nützliche, nöthige, ergötzliche und verwunderungswürdige Haus-Apothec", die 1699 zu Frankfurt a. M. erschien, lesen wir folgende Anleitung zur Herstellung dieses Universalmittels: „Die wunderbare Tugend des Menschenblutes ist diese: Wenn man eines jungen, gesunden, etlich und dreißig jährigen Menschen Blut im Alembic destilliert, so bringt´s eine jede schwache Complexion wieder zurück, ist gut bei allen Gebrechen des Hirns, des Gedächtnis, und Geistes, treibt alles Gift vom Herzen, heilet allerlei Krankheiten der Lungen, reinigt das Geblüt über alle anderen Arzneien und ist gut zu allen Bauchflüssen und Lendenweh, mehrt das Geblüt und den Samen, usw. – Aus diesem Geblüt ein Elixier vitae gemacht, ist gleichfalls zu allen obgemeldeten Schwachheiten gut und ob einer gleich schon sterben wollte und nichts reden könnte, so gib ihm dieses mit gutem Wein eingemacht ein wenig ein, so wird er wieder zu sich selbst kommen und so viel reden, dass er noch seine Disposition wird aufsetzen lassen, wie solches öfters probieret. Nimmt ein alter Mann all Tage von diesem ein wenig ein, so macht´s ihn wieder jung, erfreut ihm das Herz und gibt Stärke. Destilliert man dieses Blut 2 a 3 Mal, so wird es in seiner Wirkung kräftiger und kann der Mensch im Gebrauch dessen stets ohne Krankheit bis zum Tode leben. Oder mische dieses frische Blut unter gebrannten Wein, destilliere es im Alembic, so wird´s zu obgemeldeten Sachen viel vollkommener".

Überraschenderweise hat uns auch Thomas von Aquin eine Vorschrift zur Herstellung eines derartigen Wundermittels hinterlassen. In seiner „Abhandlung über den Stein der Weisen" lesen wir: „Wenn man z. B. menschliches Blut nimmt und es in warmem Dünger zur Fäulnis bringt, und es dann in eine Retorte gibt, wird eine weiße, der Milch ähnliche Flüssigkeit überdestillieren. Verstärkt man dann das Feuer, so wird man eine Art Öl erhalten. Schließlich reinigt man den Rückstand, der in der Retorte bleibt, und macht ihn weiß wie Schnee. Mischt man ihn mit dem Öl, das man darauf schüttet, so bildet sich ein klarer, roter Stein von bewundernswerter Wirksamkeit und Kraft, der das Blut stillt und zahlreiche Krankheiten heilt".

Ganz im Sinne der „Dreckapotheken" ist nachstehende Vorschrift, die uns der s. Zt. wegen seiner Arzneimittel sehr berühmt gewordene Abbe Rousseau (1630-1696), Leibarzt Ludwig XIV. von Frankreich, in dem posthumen Werk „Preservatif et´remede universel tire des animax souverain remede contre toutes les maladies malignes etc." überliefert hat. Dort lesen wir: „Nimm zwei Pfund Vipernfleisch, trockene es bei gelindem Feuer und zerreibe es zu Pulver. Nimm alsdann zwei Unzen Hirschhorn, sowie dessen Herz, Rute, Hoden, Mark und Blut, desgleichen das Fleisch der Lendengegend, die Nieren und falls möglich auch den berühmten Bezoarstein, alles in allem bis zum Gewicht von 4 Pfund. Dampfe menschlichen Urin ein und nimm von diesem Rückstand vier Unzen, desgleichen 4 Unzen getrockneten menschlichen Kot, vermische beides und nimm ein Pfund getrockneten Blutes, das man einem jungen, kräftigen Menschen entnommen hat. Man vermische all dies und zerreibe es zu Pulver".

Außer dem menschlichen Blut wurde seit Alters her das Blut verschiedener Tiere zu mannigfachen Heil- und Zauberzwecken benutzt. Hierbei spielen neben vitalistischen Vorstellungen auch unverkennbar solche analogischer Art eine Rolle. Man glaubte, mit dem Blute sich nicht nur die Lebenskraft, sondern auch die besonderen physischen und moralischen Eigenschaften des betreffenden Tieres anzueignen.

So galt denn von jeher Ochsenblut als ein hervorragendes Stärkungsmittel. Ochsenblut mit Wein und Honig gemischt, war bei den Römern und Germanen ein beliebter Krafttrunk. Dänische Sagen erzählen vom Genuss des rohen, warmen Bärenblutes als einem hervorragenden Stärkungsmittel.

Obersteierische Jäger pflegen das Blut des frisch aufgebrochenen Wildes zu trinken, um sich eine „feste Brust" zu bewahren.

Dioskurides lobt in seiner „Arzneimittellehre" (II. 97) die Heilwirkungen verschiedener Blutsorten. Das Blut der Gans, des Lammes und der Ente wird mit Nutzen den Gegenmitteln zugemischt, das der Holztaube, der Turteltaube, des Rebhuhnes wird gegen frische Augenwunden, gegen Blutunterlaufungen und Nachtsichtigkeit eingestrichen. Ganz besonders hält das Blut der Taube die Blutflüsse aus der Gehirnhaut auf, das des Bockes und der Ziege, des Hundes und des Hasen in der Pfanne gebraten und genommen, hemmt Ruhr und Bauchfluss. Mit Wein getrunken wirkt es gegen Gifte. Das Hasenblut, warm eingerieben, heilt Sonnenbrand und Leberflecken, das vom Hunde getrunken hilft denen, die von einem wütenden Hund gebissen worden sind, und denen, die Gift genossen haben. Das Blut der Landschildkröte soll Epileptikern heilsam sein, das der Meerschildkröte, mit Wein, Hasenlab und römischen Kümmel getrunken, ist ein gutes Mittel gegen den Biss giftiger Tiere und den Genuss des Krötengiftes. Das Stierblut, mit Hafergrütze umgeschlagen, zerteilt und erweicht Verhärtungen, das des Hengstes wird den Fäulnismitteln zugemischt. Das des Chamäleons, glaubt man, entferne die Augenwimpern, in gleicher Weise das des Laubfrosches.

Die therapeutische Verwendung des Tierblutes lässt sich in ununterbrochener Folge durch die Jahrhunderte hindurch verfolgen. In der 1681 zu Halle erschienenen „Clavis pharmaceutica Joh. Schroederi cum thesauro pharmaceutico" handelt das 33. Kapitel, überschrieben „Vom Geblüt", von der offiziellen Verwendung des Enten-, Gänse-, Esel-, Hunde-, Tauben-, Pferde-, Bock, Menschen-, monatlichen Weiber-, Hasen-, Rebhühner, Stier- und Turteltaubenblutes.

Auch die moderne Medizin benutzt verschiedene aus Tierblut hergestellte Medikamente, wie Haemoglobin, Haematogen u. dgl.

Das Blut des Hahnes wurde besonders geschätzt als Heilmittel gegen Fallsucht. Hierbei sind wiederum magische Beziehungen unverkennbar. Wie wir bereits darauf hingewiesen haben, ist die Epilepsie nach dem Volksglauben eine dämonische Krankheit. Der Hahn gilt als Verkünder, als Symbol des Lichtes. Sein Schrei verkündet den Anbruch des neuen Tages, den Sieg über die Finsternis. Daraus resultiert die Vorstellung von der dämonenverscheuchenden Macht des Hahnes. Der Glaube, dass die Mächte der Finsternis, Dämonen und böse Geister, den Hahn fürchten, ist ziemlich universal und ist insbesonders bei den Persern, den indogermanischen Völkern des Orients, nachzuweisen. In ähnlichem Ruf stand auch die Taube, deren Blut besonders gegen gichtische Leiden und Lähmungen benutzt wurde, die man ebenfalls als Dämonenwerk ansah, da denselben keine sichtbare Ursache nachweisbar war.

Das Stierblut nimmt in der Volksmedizin eine Sonderstellung ein. Es wurde nur äußerlich in Umschlägen benutzt, um Geschwüre zu erweichen. Der Genuss von Stierblut galt als giftig. Man findet dafür zahlreiche Beispiele in der griechischen Literatur. Strabo berichtet, dass Midas, der König der Phryger, beim Einfall der Kimmerier Stierblut trank und starb. Auf gleiche Weise soll, nach dem Berichte des Ktesias, Tanyoxartes, der Bruder des Kambyses, geendet haben. Themistokles trank, nach Diodor, ebenfalls Stierblut. Sophokles legt in dem Drama „Die Rückforderung Helenas" der Helena die Worte in den Mund: „Mir frommt Stierblut zu trinken, um noch schwererem Vorwurf zu entgehen". Ebenso lässt Aristophanes in den „Rittern" den Nikias sagen: „Das beste für uns ist, Stierblut zu trinken und des Themistokles Tod zu wählen".

Dioskurides ist der Ansicht, dass das Stierblut für tödlich gilt, weil es angeblich sofort gerinnt und den Trinker erstickt. Dahingegen behauptet Pausanias (VIL XXV. 13), dass man es jungen Mädchen zu trinken gab, um ihre Jungfräulichkeit zu erproben.

Plutarch und Plinius erblicken in dem sogenannten „Stierblut" nur ein heftig wirkendes, unter Erstickungserscheinungen tötendes Gift. Es ist nicht unwahrscheinlich, dass die Bezeichnung „Stierblut" eine Umnennung für ein vegetabilisches Gift war. So finden wir in den mittelalterlichen Kräuterbüchern häufig Pflanzennamen mit Tiernamen verbunden, z. B. Wolfsmilch (Euphorbia), Ziegenfuß (Polyporus), Habichtskraut (Hieracium), Krötenkraut (Chenopodium) u. a. m. In der unklaren Ausdrucksweise solcher volkstümlichen Heilbücher wird häufig ein Tier genannt, wo es sich tatsächlich um eine Pflanze handelt, und der Saft der Pflanze wird als das Blut des Tieres bezeichnet.

Der Auffassung von der Giftigkeit des Stierblutes liegen vielleicht auch totemistische Vorstellungen zugrunde. Als Totem wurden verschiedene Dinge, Pflanzen oder Tiere, bezeichnet, von denen man glaubte, dass sie zu bestimmten Gruppen von Menschen in einem besonderen Schutzverhältnis stehen und aus diesem Grunde verehrt wurden. So galt der Stier bei zahlreichen Völkern des Altertums als heilig. In Babylon war der Stier der Repräsentant der Gottheit Ninib und bei den Phöniziern verkörperte er den Gott Hadad. Bei den Indern war der Stier dem Gott Siva geweiht. Unter der Zahl der Totemtiere finden wir bei den Persern an erster Stelle den Stier. Es kommt auch häufig vor, dass ein Tier gleichzeitig zwei verschiedenen Gottheiten geweiht war; so repräsentierte bei den Griechen beispielsweise der Stier zugleich Zeus und Dionysos. Bei den Galliern treffen wir ebenfalls Spuren des Stierkultus an: Der Stamm der Taurisci wurde nach ihm benannt, und Tarvisium war die Stadt des Stieres. Auf gallischen Münzen aus dem 3. vorchristlichen Jahrhundert ist ebenfalls der Stier dargestellt. Auch bei den Kelten galt der Stier als heilig. Desgleichen sind bei den Hebräern auf Grund der biblischen Berichte Spuren des Stiertotemismus nachzuweisen.

Für die Benutzung des Tierblutes zu Heil- und Zauberzwecken ist im allgemeinen auch noch ein weiteres Moment zu berücksichtigen, nämlich dass die betreffenden Tiere ursprünglich als Opfer für die Gottheit gegolten haben und dass diese Opfer als der göttlichen Kraft teilhaftig gedacht wurden und deshalb Zauberkraft besaßen. „Die Versöhnung der dämonischen Wesen – bemerkt Höfler – mit richtigen, durch den Ritus ausgebildeten Opfergaben war eine der Vorbedingungen bei den ersten Heilversuchen. Weiterhin trat hinzu das Bestreben, durch Einverleibung der Gottheit selbst (Theophagie) sich in den Besitz der Gotteskräfte zu setzen. Die tiergestaltigen Gottheiten, die Gestalten der verstorbenen Ahnen und Seelengeister, wurden zum Heilmittel durch den Genuss des heißen Blutes, des rohen Fleisches und der Organe dieser Tiere“.

In der Auffassung der Primitiven wird dem Sexualakt eine magische Bedeutung zugeschrieben. Der Koitus ist ein Zauberakt, die Entfaltung der Allmacht. Das Sperma (Vaginalsekret) ist ein wichtiger magischer Stoff. Weil aber im sexuellen Akt eine so wichtige Kraft sich äußert, so fürchtete man ihrer verlustig zu gehen. Spermaverlust bedeutet Einbuße der Zaubergewalt, Verminderung der Lebenskraft. Aus dieser Vorstellung resultiert die Scheu vor dem Weibe, die bei primitiven Völkern so verbreitet ist. Die Frau regt beim Manne das sexuelle Verlangen an und bringt ihn dadurch in die Gefahr, die magische Kraft zu verlieren, die er benötigt, um bei seinen Unternehmungen Glück zu haben. Zufolge dieser

Denkvoraussetzungen wurde dem weiblichen Geschlecht ein übler Einfluss auf den Erfolg aller männlichen Geschäfte zugeschrieben.
Diese Auffassung hat auch in der Bibel ihren Niederschlag gefunden, denn bei Moses 1 heißt es: „Durch das Weib ist die Sünde in die Welt gekommen und durch die Sünde der Tod“. Ähnliche Äußerungen finden sich in großer Zahl in der katholischen Kirchenliteratur. Auf dem Konzil zu Trient wurde ernstlich beraten, ob die Frauen eine Seele hätten, und auf dem Konzil zu Macon wurde sogar verhandelt, ob die Weiber überhaupt Menschen seien. Der Theologe Anselm von Canterbury, der später heilig gesprochen wurde, sagte vom Weibe: „Nichts Schädlicheres gibt es als das Weib; durch nichts richtet der böse Feind mehr Menschen zugrunde als durch das Weib“. Solchen Vorstellungen verdankt das Weib die eigenartige Stellung im Kult- und Zauberwesen, die es bei allen Völkern einnahm.
Wenn das Weib an und für sich als etwas Dämonenhaftes galt, so ist es ohne weiteres verständlich, dass sich eigenartige Vorstellungen in Bezug auf das Menstrualblut entwickelt haben. Die Entstehung der Menstruation erklärt eine indische Legende folgendermaßen:
Einst hatte der Gott Indra mit seinem Dämonendonnerkeil einen Halbgott getötet, wofür ihm der Titel Brahmanenmörder angehängt wurde. Er begab sich deshalb angsterfüllt auf die Wanderung, um diesen Schandfleck abzuwaschen, und gab der Mutter Erde einen Teil seiner Schuld zu tragen, den zweiten den Flüssen, den dritten den Felsen und Bäumen, den vierten den Frauen. Seither wird die Erde zu gewissen Zeiten morastig, die Flüsse haben Gischt, Felsen und Bäume zeigen Ausschwitzungen und die Frauen bekommen ihren Monatsfluss; alle aber sollen während dieser Zeit tabu sein.
In ethnologischer und religionsgeschichtlicher Beziehung ist der Tabu-Begriff ungemein aufschlussreich. Es ist dies ein unmotiviertes Verbot, dessen Umgehung eine übernatürliche Bestrafung nach sich zieht. Tabu bezeichnet den Zustand der Unberührbarkeit, und die derart geschützte Sache kann sowohl unrein wie auch heilig sein. Tabu-Verbote sind zahlreich in der Bibel anzutreffen.
In diesem Sinne ist auch die Stelle zu deuten, wo Moses (3. 15) die

Menstruierenden für unrein erklärt. Ähnliches Ansichten finden wir bei ziemlich allen Völkern des Altertums. Bei den Parsen in Indien mussten die Menstruierenden sich an einen abgesonderten Ort des Hauses begeben, der so angelegt war, dass ihn die Sonnenstrahlen nicht treffen und Wasser sowie Feuer und alles, was zum Leben gehört, ihm fernblieb. Nach Zoroaster ist die Monatsblutung der Frauen das Werk Ahrimans, des bösen Prinzips. Solange die Menstruation andauert, ist demnach die Frau unrein und ein dämonisches Wesen. Man muss ihren Umgang meiden, denn sie verunreinigt alles, was mit ihr in Berührung kommt. Ihr Blick allein genügt schon, um das Feuer zu verunreinigen. Sie darf sich nicht satt essen, denn die Nahrung, die sie zu sich nimmt, dient nur dazu, die Macht der Dämonen zu vermehren. In dem Gesetzbuch Manus heißt es, jeder Mann, der sich einer Menstruierenden nähere, verliere seinen Verstand, seine Kraft und Gesundheit; wenn er hingegen die Weiber zu jener Zeit meidet, so mehre sich sein Verstand, seine Kraft und seine Gesundheit.

Wie das römische, so schrieb auch das germanische Altertum dem Menstrualblut große magische, bald schädliche, bald heilsame Kräfte zu. Obwohl nun die Menstruierende bei allen Völkern als unrein angesehen wird, findet das Menstrualblut sehr häufig Anwendung als Heil- und Zaubermittel.

In der ältesten Enzyklopädie, die wir besitzen, in Plinius „Naturgeschichte“, wird sehr wortreich über die schädlichen und heilsamen Eigenschaften des Menstrualblutes berichtet. Durch Berührung einer Menstruierenden wird der Wein sauer, Bäume verdorren, Stuten werden unfruchtbar, Eisen wird rostig, Messer werden stumpf, und ähnliche Märchen mehr, die auch noch heute im Volke kreisen.

Dioskurides empfiehlt in seiner „Arzneimittellehre“ Menstrualblut als antikonzeptionelles Mittel. Es soll außerdem sehr wirksam gegen Gicht und Rotlauf sein. Auch noch heute sollen in Tunis und Algier die Frauen das eigene Menstrualblut als Vorbeugungsmittel gegen Schwangerschaft trinken. Sehr verbreitet ist auch der Glaube, dass das Menstrualblut Blasensteine und -sand beseitige. Muttermäler, Feuermale und Leberflecken sollen verschwinden, wenn sie mit warmem Menstrualblut bestrichen werden. Bei Zakarija ben Muhammed al Qazwini (gest. 1283) heißt es: „Das Blut der Menstruation einer Jungfrau hilft gegen die weißen Flecken auf der Pupille, wenn man es als Augensalbe verwendet". „Das Blut der Menstruation, wenn mit ihm der Biss eines tollen Hundes bestrichen wird, heilt ihn und ebenso knotigen Aussatz und schwarze Räude". Plinius erwähnt bereits, dass die alten Ägypter Abwaschungen mit Menstrualblut gegen verschiedene Hautkrankheiten angewandt haben, und empfiehlt, bei Hundswut einen mit Menstrualblut getränkten Lappen in den Trinkbecher des vom Hunde Gebissenen zu legen. Die hl. Hildegard, Äbtissin des Klosters auf dem Rupertsberg bei Bingen (gest. 1197), rühmt in ihren „Libri subtilitatum diversarum natur. creatur.", dem ältesten in Deutschland verfassten Werk der volkstümlichen Heilkunst, Menstrualblutbäder bei Aussatz. Warmes Uterinblut einer Jungfrau über podagrische Glieder geschlagen, lindere den heftigen Schmerz. Es ist allgemein üblich, Warzen mit frischem Menstrualblut zu bestreichen, um diese zu entfernen.

Der Volksglaube schreibt die Heilkraft des Menstrualblutes einer gewissen „Schärfe" zu. Die allgemeine Scheu vor den Menstruierenden in den südlichen Ländern mag hierin wohl eine reale Berechtigung finden, denn es lässt sich nicht in Abrede stellen, dass das Menstrualblut in heißen Gegenden eine besondere Schärfe erhalten könne, wie es auch für begründet erachtet werden muss, dass unter dem heißen Klima des Südens, wo die Zersetzung der organischen Ausscheidungen schnell auftritt und letztere sich infolge des klimatischen Einflusses und des Temperamentes qualitativ anders als im Norden verhalten, das Menstrualblut leicht gewisse schädliche Eigenschaften annehmen kann.

Im allgemeinen aber soll das Menstrualblut tatsächlich eine antiseptische Wirkung haben, wie Prof. O, von Petersen festgestellt hat. Wir zitieren einige Sätze aus einer Mitteilung von Petersen, da ihr Inhalt manche volkstümlichen Gebräuche unserem Verständnis näher bringt: „Es wurden in die Station mehrere Patientinnen mit zahlreichen Geschwüren an den Geschlechtsteilen aufgenommen, die am folgenden Tag die Menses bekamen. Nun besteht in der Abteilung die Gepflogenheit, dass man während der Menses die Patientinnen nicht verbindet, sondern die Geschwüre sich selbst überlässt. Petersen sah mit einem gewissen Gefühl der Unruhe auf dieses Verfahren und erwartete, die Geschwüre nach Aufhören der Menses in einem recht schlechten Zustand zu finden.

Um so größer war seine Überraschung, als die betreffenden Patientinnen, nachdem die Menses beendet waren, auf den Untersuchungstisch kamen und er statt der erwarteten Verschlimmerung der Geschwüre vollkommen gereinigte, gut heilende Wundflächen vor sich sah. Alle Geschwüre, die von dem Menstrualblut bespült wurden, reinigten sich unter dem Einfluss desselben, während die gleichzeitig in der Umgebung vorhandenen Geschwüre, die von dem Menstrualblut nicht berührt wurden, unverändert ihren Belag und Eiterung beibehalten hatten. Es konnte also fraglos festgestellt werden, dass das Menstrualblut eine deutliche antiseptische Wirkung ausgeübt hatte“.

Eine Erklärung für die antiseptische Wirkung des Menstrualblutes ist vielleicht darin zu finden, dass dasselbe stark jodhaltig ist, wenn wir Strindberg glauben können. In seinen „Blaubüchern“ schreibt er: „Jod findet sich ja in der Monatsblutung, in der Schilddrüse und im Thymus“. (I. 414.) An anderer Stelle heißt es: „Und während der Periode des Weibes, die sehr geheimnisvoll ist, scheint sie in Verbindung mit dem Unterirdischen zu treten. Eine höllische Bosheit ist verbunden mit der Ummaskierung; sie bekommt ein neues Gesicht, neue Begierden und Neigungen, aber meist Verlangen nach dem Unsinnigen. Sie sondert während dieser Tage ein Gift ab, das ist Jod, und ihr ganzes Wesen ist giftig; körperlich und geistig kann sie ihren Mann vergiften. Die Gesetze Mose betrachteten sie als unrein, und sie anzurühren war streng verboten“. (II. 847.)

Bei den Juden im Orient gilt nicht nur die menstruierende Frau, sondern alle von ihr berührten Gegenstände als unrein, und sie muss am achten Tag nach Sonnenuntergang ein Reinigungsbad nehmen. Dieses rituelle Bad nennt man „Mikwah“ (= Quelle), das nur aus Quell- oder Regenwasser und nicht aus geschöpftem Wasser bereitet sein darf. Nach manchen Angaben darf auch kein Regenwasser verwendet werden, da dieses auch zum Trinken benutzt wird. In jeder Stadt und jedem Orte, wo es Gemeinden orthodoxer Juden gibt, wird für die Errichtung eines solchen Bades gesorgt. In kleineren Orten befindet es sich meist im Hause der Kultusgemeinde, und zwar im Hofe desselben. Wo es kein solches Bad gibt, badet sich die orthodoxe Jüdin im nahen Bach oder Fluss, selbst zur Winterszeit, wo in das Eis ein Loch gehauen wird und sie in das eiskalte Wasser dreimal untertaucht, damit, wie es eben der religiöse Ritus vorschreibt, kein einziges Haar an ihr trocken bleibt. Auch Budapest besitzt ein solches Bad. Bei dem Bau dieser Bäder ist die Hauptregel, dass sich die zuführenden Wasserröhren nicht im Winkel oder in starken Krümmungen treffen, sondern nur schwache Biegungen und wellenförmige Krümmungen haben dürfen.

Der Brauch dieser rituellen Waschungen ist ein weiterer Beweis dafür, dass man die Menstruation als etwas Dämonisches ansah, denn fließendes Wasser galt von jeher als ein dämonenverscheuchendes Mittel. Für die mythologische Denkweise galt das Wasser als das mütterliche Element, aus dem alles Leben hervorging. In folgerichtiger Weiterführung dieses Gedankens wurde das Wasser daher auch als Schutzmittel gegen die lebensfeindlichen Mächte der Finsternis angesehen.

Die Scheu vor dem verderblichen Einfluss der Menstruierenden kommt auch verschiedentlich im „Talmud“ zum Ausdruck. „Geht zu Beginn der Menses – heißt es dort – eine Frau zwischen zwei Männern hindurch, so ist einer von ihnen dem Tode geweiht; geschieht dies gegen Ende der Menses, so entsteht Streit zwischen beiden Männern.“ Die gleichen Anschauungen finden sich bei vielen Völkerstämmen Australiens vor. Dort gilt es als unheilvoll, wenn eine Menstruierende den Weg der Männer kreuzt.

Bei den Naturvölkern bringt man die Menstruation häufig mit der Schlange oder anderem kriechenden Getier in Verbindung. Bei den Chiriguanos von Bolivia laufen die alten Weiber beim Eintritt der Menstruation eines Mädchens mit einem Stecken umher und suchen die Schlange, die das Mädchen verletzte. In einigen Gegenden Brasiliens darf ein Mädchen beim Herannahen der Menstruation nicht in den Wald gehen, aus Furcht vor den verliebten Angriffen der Schlange. Dr. H. Ploß („Das Weib in der Natur und Völkerkunde“) und Dr. Max Bartels („Die Medizin der Naturvölker“) zeigen, dass in den verschiedenen Teilen der Welt die Menstruation als ursprünglich durch eine Schlange verursacht angesehen wird. Der Volksglaube betrachtete von jeher die Schlange ihrer Gestalt und Lebensweise, sowie ihrer giftigen Natur wegen als ein unterirdisches, elbisches Wesen, als ein Dämonentier.

Auf Grund dieser universalen Vorstellung vom dämonischen Wesen der Menstruation entwickelten sich die mannigfachen Anschauungen, die zur Verwendung des monatlichen Geblüts zu Zauberzwecken führten. Menstrualblut galt als ein magischer Stoff par excellence.

In der bereits erwähnten Schrift berichtet die hl. Hildegard, dass ein mit Menstrualblut beflecktes Hemd hieb- und stichfest mache; in die Flammen geworfen, löscht ein solches Hemd Feuersbrünste. An Stelle des rituellen Opfers einer Jungfrau tritt in späteren Zeiten das Menstrualblut eines unschuldigen Mädchens, das zum ersten Mal seine Monatsblutung hat, später war es das blutende Hemd. Ein mit dem Menstrualblut einer Jungfrau beflecktes Hemd wird demnach zum Zaubermittel, da es anstelle des Jungfrauenopfers tritt, und galt als Fruchtbarkeitszauber, weil es die Fluren vor Schaden sichert. Das Hemd selbst wird zum Stellvertreter des Weibes und zum Symbol der weiblichen Natur. Darum werfen die Mädchen in gewissen Nächten für ihre Geliebten die Hemden vor die Tür; sie übergeben so symbolisch ihren Leib.

Die häufigste Verwendung fand das Menstrualblut jedoch als Liebeszauber, und, zwar in der Weise, dass man dasselbe heimlich den Speisen oder dem Getränk beimischte, die dem Liebhaber vorgesetzt wurden. Umgekehrt empfiehlt, falls alle Mittel nichts helfen, Bernhard von Gordon in seinem um 1305 verfassten „Lilium medicinae“, dass bei unglücklicher Liebe dem Liebhaber ein in Menstrualblut getauchter Lappen plötzlich vor die Nase gehalten werde; eine richtige Ekelkur mit sympathetischem Hintergrund.

Auf ähnlichen Voraussetzungen beruht auch der Brauch, sich den Leib ringsherum mit Menstrualblut zu bestreichen, um die Empfängnis zu verhindern. Es soll zu diesem Zweck auch bereits genügen, wenn Frauen über Menstrualblut hinwegschreiten. Gegen das Ausbleiben der Monatsregel wird empfohlen Wasser zu trinken, in dem das Blut einer Erstmenstruierenden aufgelöst oder deren blutiges Hemd gewaschen worden ist, oder man soll sich mit einem von frischem Menstrualblut befeuchteten Hemd bekleiden.

*

Die mit diesen Volksbräuchen verknüpften Anschauungen führen hinüber ins eigentliche Gebiet der Magie.

Gemäß dem assoziativen Denken der Magie werden Dinge, die einmal räumlich oder zeitlich miteinander verknüpft waren, als zu einander gehörig oder richtiger als eine Einheit behandelt. Ein Teil wird dem Ganzen gleichgestellt, und dieses Prinzip ist durchweg im magischen Tun nachzuweisen.

Dies vermittelt uns das Verständnis für die mannigfache Verwendung des Blutes für Liebeszauber. Das Blut befindet sich im Inneren des Menschen, ist also fest mit seinem innersten Wesen verbunden, von seinem Ich durchdrungen. Durch die Beimischung von Blut zu Liebestränken bezweckt man daher, eine Art Besessenheit zu erzeugen. Zu den verschiedenartigen Komposita der Liebestränke gehörte daher stets Blut. Agrippa von Nettesheim gibt folgende Anleitung zur Bereitung eines Liebespulvers: Man trockene das Herz einer Taube, die Leber eines Sperlings, das Hirn einer Schwalbe, die Nieren eines Hasen, zerreibe alles zu Pulver, vermische dasselbe mit ebenso viel von deinem Blut und gib davon ein bis zwei Drachmen jener Person, deren Liebe du gewinnen willst. Besonders wirksam hielt man das Menstrualblut für den Liebeszauber, und wie vordem

Fürsten und Königen auf diese Weise unwiderstehliche Liebe angezaubert wurde, so wird auch sicherlich noch heute manchem Bauernburschen von liebessüchtigen Mädchen heimlich Menstrualblut in Speise und Trank verabreicht.

Die tiefsten Spuren hat die Magie in der Volksmedizin hinterlassen und ist dort noch lange wirksam, nachdem sie sonst aus dem Leben verbannt wurde. In der volkstümlichen Heilkunst begegnen wir, neben der Analogie, vorwiegend der Berührungsmagie. Auf diesem Prinzip beruht auch das Verfahren der Krankheitsübertragung. Ausgehend von der Annahme, dass die Krankheitsmaterie im Blute sitzt, nahm man ein paar Tropfen vom Blut des Patienten, praktizierte es in einen Baum oder dergl. und glaubte somit, die Krankheit auf letzteren zu übertragen. So ist z. B. in Bayern noch üblich, gegen Fallsucht unter bestimmten Zeremonien vom Kranken Blut zu nehmen, den Spruch aus Jesaias 53, 43: „Fürwahr er trug unsere Krankheit und lud auf sich unsere Schmerzen" auf ein Blatt Papier zu schreiben, dieses in das Blut zu tauchen und am Karfreitag vor Sonnenaufgang dieses Papier in einen Obstbaum einzupflocken unter Anrufung der Dreieinigkeit. Nachher betet man ein Vaterunser und das apostolische Glaubensbekenntnis. Hier hat also, wie so oft, die Vornahme rein heidnischer Prozeduren religiöse Färbung angenommen. In Steiermark ist gleichfalls eine ganze Reihe derartiger Gebräuche im Schwange. Die vermeintlichen Krankheitsträger, wie Partikelchen des kranken Körpers, Exkremente usw., pflockt man besonders gern auf Holunder, Weiden und Pfirsichbäume, wobei man stets darauf achten muss, dass die Prozedur an der Ostseite und vor Sonnenaufgang vorgenommen wird. Um den Kranken vor Auszehrung zu heilen, lässt man ihn zur Ader, bohrt ein möglichst tiefes Loch in einen Kirschbaum und schüttet das Blut hinein: „Der Baum stirbt, der Kranke genest."

Ähnliche Denkvoraussetzungen wie bei der Krankheitsübertragung liegen dem in Thüringen üblichen Brauch zugrunde, dass Schwangere zwecks Unterbrechung der Schwangerschaft unter gewissen Zeremonien einige Tropfen ihres Blutes in einen Baum bohren.

Über die Tatsächlichkeit der magischen Krankheitsübertragungen finden sich zahlreiche Berichte in der neueren okkultistischen Literatur. Eine sehr lesenswerte Zusammenstellung über dieses Thema ist im 5. Kapitel von de Rochas „Ausscheidung des Empfindungsvermögens“ zu finden.

Eine weitere Abart der Berührungsmagie bilden die sogen. Sympathiepulver zur Wundheilung, die besonders im 16. und 17. Jahrhundert in hohem Ansehen standen.

Bereits Paracelsus hatte im „Archidoxis magicae“ liber. I das Rezept einer wundenheilenden Salbe veröffentlicht, welche aus Menschenblut, Menschenfett, einer Moosart, die auf einem der Feuchtigkeit ausgesetzten Menschenschädel gesammelt wurde, Leinöl, Rosenöl und armenischen Arzurikügelchen bestand. Um eine Verwundung ohne Schmerz, ohne Pflaster, selbst auf eine Entfernung von 20 Meilen zu heilen, genügte es, ein Stück mit dem Blute des Verwundeten getränkten Holzes in die Salbe zu tauchen. Außerdem (De tumor, pust., et ulcer morbi gallici, libr. X) empfiehlt er die Anwendung von Kupfervitriol, um gewisse Geschwüre zu heilen. Die heilende Tätigkeit dieses Mittels erklärt er folgendermaßen: „Die Heilmittel wirken durch eine Ausstrahlung ihrer Kräfte, durch eine dynamische Heilkraft, durch einen Geruch, einen Geschmack, dessen Wirkung bisweilen augenblicklich ist. Wenn man ein Pflaster auf eine Wunde legt, so glaubt man nicht, dass dieses Pflaster sich in Fleisch verwandelt; es wirkt magnetisch allein durch seine Gegenwart. Dasselbe gilt von den innerlichen Mitteln: Je feinstofflicher sie sind, desto größere Heilkraft besitzen sie“.

Die Benutzung des Kupfervitriols als Sympathiemittel zur Wundheilung wurde jedoch erst durch den Engländer Digby populär gemacht. Kenelm Digby wurde im Jahre 1603 zu Gothurst in der Grafschaft Buckingham geboren und starb 1655. An Gelehrsamkeit war er wohl am besten mit Pico della Mirandola zu vergleichen. Als die Engländer 1628 in Fehde mit den Venetianern und Algeriern lagen, rüstete Digby im Alter von kaum 25 Jahren auf eigene Kosten

eine Flotte aus und segelte mit der Erlaubnis seines Königs nach dem Mittelmeer, wo er die beiden feindlichen Mächte schlug. Einige Jahre später musste er aus politischen Gründen England verlassen. Er ging auf Reisen und besuchte die bedeutendsten Gelehrten seiner Zeit, da er sich sehr für Alchemie und Geheimwissenschaften interessierte. In Rom soll er von einem weitgereisten Karmelitermönch die Benutzung des Kupfervitriols als Sympathiemittel zur Blutstillung und Wundheilung erfahren haben. In den Jahren 1657 und 1658 hielt er sich in Montpellier auf und hielt vor der medizinischen Fakultät einen aufsehenerregenden Vortrag über dieses Sympathiepulver. Dieser Vortrag erschien im gleichen Jahr im Buchhandel (bei Aug. Courbd, Paris, 197 S.) und wurde mehrere Male neu gedruckt. Eine deutsche Übersetzung erschien unter dem Titel: „Eröffnung unterschiedlicher Heimlichkeiten der Natur, worbey viel scharffsinnige, kluge, wolerwogene Reden von nützlichen Dingen jedermann dienlich, die gleiche Artung der Natur entdeckende klar und ausführlich beygefüget, und vornehmlich von einem wunderbahren Geheimnuß in Heilungen der Wunden, ohne Berührung, vermög des Vitrioli, durch die Sympathiam. Discurs weise gehalten in einer hochansehnlichen Versammlung zu Montpellier in Frankreich durch den Grafen Hn. Kenelm Digby. übersetzt (aus Französisch in das Teutsch) von M. H. Hupka“. Das Jahr der deutschen Originalausgabe vermochte ich nicht zu ermitteln; die 5. Auflage erschien zu Frankfurt am Main im Jahre 1671.
Die Herstellung des Sympathiepulvers hat nach Digby folgendermaßen zu geschehen: „Im Juli oder August nimmt man eine gewisse Menge römischen Vitriols (Kupfervitriol), löst es in reinem Wasser auf, filtriert dampft es ein und lässt es Koagulieren, um es von allen Unreinigkeiten zu befreien, damit es eine schöne blaue Farbe annimmt. Alsdann wird es grob gekörnt und während 360 Stunden den Strahlen der Sonne ausgesetzt, wenn diese sich im Zeichen des Löwen befindet“.
Die Anwendungsart dieses Sympathiepulvers bestand gemäß Digby darin, dasselbe in Brunnen- oder Regenwasser aufzulösen, und zwar

in solcher Menge, dass ein blankes Eisen, das man darin eintaucht, ganz mit Kupfer beschlagen wird. In diese Flüssigkeit taucht man einen mit dem Blute der zu heilenden Wunde befleckten Leinwandlappen, oder man streut auf den vom Blute befeuchteten Lappen etwas pulverisiertes Vitriol und lässt letzteres vom Blut aufsaugen. „Jedes Mal, wenn man frische Vitriollösung oder -pulver in Berührung mit dem Blute des Verbandstoffes bringt, fühlt der Kranke eine neue Erleichterung, wie wenn die Wunde tatsächlich mit einem heilkräftigen Medikament verbunden worden wäre".

Digbys Sympathiepulver genoss ungeheures Ansehen. Es entstand eine ansehnliche Literatur für und gegen dasselbe und man wusste von wunderbaren Heilungen zu berichten. In neuerer Zeit hat man auch die Wirkung dieses Sympathiemittels erprobt, und im „Zentralblatt für Okkultismus", Juni 1911, berichtet Max Lude über verschiedene Versuche der Wundheilung mit Kupfervitriollösung u. a. wie folgt: „Ferner hatte auch ein Kollege von mir eine schlimme, untereiterte Wunde an einem Finger, die gar nicht aufgehen wollte. Er versuchte auf meine Anempfehlung auch dieses Mittel; nahm den Verband ab und legte ihn in die bereitete Kupfervitriollösung. Eine Stunde danach trat schon der Erfolg ein: Der Eiter floss aus der Wunde und diese heilte in etlichen Tagen tadellos zu".

Eine andere, sehr wichtige Form der Heilmagie bildet die „Besprechung".

Was die magische Denkweise eigentlich charakterisiert, ist gemäß Leo Kaplan die „Verwechslung von Subjektivität und Objektivität". Demnach hält der magisch denkende Mensch das Wort für ein Abbild des durch das Wort bezeichneten Dinges oder Vorganges. Man kann darum mit dem Wort zaubern. Diese magische Auffassung spricht sich in jener Verherrlichung des Wortes aus, mit der das Johannis-Evangelium eröffnet wird: „Am Anfang war das Wort, und das Wort war bei Gott, und das Wort war Gott. Dieses war im Anfang bei Gott. Alle Dinge sind durch dasselbe geworden, und ohne dasselbe ist auch nicht Eines geworden, was geworden ist".

Die Blutbesprechung, d. h. das Hersagen bestimmter Zauberformeln zur Stillung blutender Wunden, bildet ein wichtiges Kapitel der volkstümlichen Heilkunst. M. Höfler erwähnt folgende Blutstillungsformel, die besonders in Bayern gebräuchlich ist:

„Unser Herrgott ist gestorben, er stirbt nicht mehr;
Unser Herrgott hat geblutet; er blutet nicht mehr, usw."

H. Frischbier übermittelt uns folgende, in Preußen noch vielfach gebräuchliche Blutbesprechungsformel: „Halt, Blut, stille dich, Blut, durch den Namen Jesu, durch die Jünger Jesu, durch die Wunden Jesu!"

Bereits Arnold von Villanova (1235 (?) – 1313) berichtet, wie er in Montpellier ein altes Weib beobachtet hatte, das eine Blutung durch Beschwörungsformeln zum Stillstand brachte, nachdem die Ärzte sich mit der landläufigen Therapie vergebens versucht hatten. Verschiedene Fälle, wo heftig blutende Wunden aufhörten zu bluten, als sie besprochen waren, sind uns durch exakte Forscher überliefert, sodass es durchaus unwissenschaftlich wäre, die Wirkung des Blutbesprechens zu leugnen. Das suggestive Stillen einer Blutung ist eine sehr alte therapeutische Leistung, da wir sie schon im Atharva-Veda finden. Sie ist auch durch die von der modernen Medizin zwar lange Jahre hindurch verspottete, jetzt aber allgemein als wirksam anerkannte suggestive Heilmethode vollkommen erklärbar.

Eine Erweiterung der eigentlichen Berührungsmagie stellt die Annahme einer immateriellen Kraft, eines unmittelbar nicht wahrnehmbaren Fluidiums dar, das über die leibliche Persönlichkeit hinausragt. Mit dieser emanistischen Idee hängt aufs engste die Furcht vor dem Toten zusammen, von dem man einen üblen Einfluss befürchtet. Diese magische Ausweitung des Ich führte aber auch zu den eigenartigen Gebräuchen der Blutprobe oder des Bahrrechtes. Dieses Motiv hat Hebbel in „Siegfrieds Tod" (V. 9) folgendermaßen dichterisch verwertet:

Kaplan (am Sarge Siegfrieds):

„Es ist der Finger Gottes,
Der still in diesen heiligen Brunnen taucht,
Weil er ein Kainszeichen schreiben muss“.

Hagen (neigt sich über den Sarg):

„Das rote Blut! Ich hätt´ es nie geglaubt!
Nun seh´ ich es mit meinen eigenen Augen“.

Krimhild:

„Und fällst nicht um? (Sie springt auf ihn zu.)
Wer weiß, ob nicht jeder Tropfen schmerzt,
Den deine Mördernähe ihm entzapft!“

In dem Gedicht „Das Bahrrecht“ von Schack wird ebenfalls die Blutprobe bei Mordverdacht behandelt:

„Nun geht, Graf Otto! Zum dritten Mal
Erduldet ihr die Folterqual,
Und habt sie, wie keiner, bestanden.
Wohlan denn, reinigt Euch ganz von dem Verdacht,
Als hättet den Ohm Ihr umgebracht
Aus Gier nach Schätzen und Landen!
Drei Stunden harrt mit festem Mut
Allein an der Bahre, darauf er ruht;
Entquillt den Wunden alsdann kein Blut,
So lösen wir Euch aus den Banden!“

Der Blutprobe lag der Glaube zugrunde, dass, wenn der des Totschlages Angeschuldigte zur Leiche des Ermordeten geführt würde, dem Toten sofort Blut aus der Wunde, aus der Nase oder aus dem Mund rinnen werde, wenn der Beschuldigte wirklich der Mörder ist. Die Blutprobe bei Mord soll noch in jüngster Zeit in

Bosnien üblich gewesen sein. Nach altem Volksglauben wird der Mörder nach vollbrachter Tat vom Blute des Ermordeten derart angezogen, dass er sich vom Ermordeten nicht entfernen kann. Um dies zu können, muss er einen ihm gehörigen Gegenstand auf den Toten werfen.

Der Anziehungskraft des Blutes vertraut man auch, wenn man eines Kindes rechtmäßigen Vater sucht. Ist der angebliche Vater tot, so holt man aus seinem Grabe einen Knochen, macht dem Kinde am Leibe einen Schnitt und lässt des Kindes Blut auf des angeblichen Vaters Bein träufeln. Saugt das Bein das Blut auf, so ist der Tote der rechtmäßige Vater gewesen, wenn nicht, so stammt das Kind von einem anderen. In diesem volkstümlichen Aberglauben lag die Idee des Vaterschaftsnachweises durch die Blutprobe im Keim enthalten. Die neuere biologische Forschung hat den strikten experimentellen Beweis der charakteristischen Blutindividualität erbracht, die als dunkle Ahnung mannigfachen Formen des volkstümlichen Blutaberglaubens zugrunde lag.

Die Träger individueller Eigenschaften des Blutes sind die roten Blutkörperchen und das Blutserum. Die roten Blutkörperchen weisen zwei von einander verschiedene Eigenschaften auf, die allgemein mit A und B bezeichnet werden, und das Serum zwei diesen Blutkörpercheneigenschaften entsprechende Serumeigenschaften, die mit „a“ und „b“ bezeichnet werden. In Erscheinung treten diese individuellen Blutkörperchen- und Serumeigenschaften durch das Auftreten einer Zusammenballung der roten Blutkörperchen, wenn das Serum einer Person, welches z. B. „a“ enthalten möge, mit den Blutkörperchen einer andern Person, die die Eigenschaft „A“ besitzt, zusammengebracht wird. Eine solche Zusammenballung kommt also immer nur dann zustande, wenn zusammenpassende Serum- und Blutkörpercheneigenschaften aufeinandertreffen. Derselbe Mensch kann nie Blutkörperchen und Serum von entsprechenden Eigenschaften haben, da sonst seine Blutkörperchen zusammengeballt und funktionsuntüchtig würden. Da es auch Menschen gibt, die entweder keine Serum- oder keine Blutkörpercheneigenschaften besitzen, so ist ein Vorkommen von vier Möglichkeiten vorhanden. Diese Möglichkeiten der Verbindung von Blutkörperchen- und Serumeigenschaften entsprechen den tatsächlich vorkommenden 4 Blutgruppen (Vgl. 4 Elemente. Der Hrsg!) unter den Menschen. Sämtliche Menschen können in eine dieser vier Blutgruppen eingeteilt werden. Die Blutkörpercheneigenschaften bestehen bei jeder Person unverändert während des ganzen Lebens und sind vererblich. Deren Vererbung folgt den Mendelschen Gesetzen; demnach kann eine Blutkörpercheneigenschaft bei einem Kinde nur dann vorhanden sein, wenn eines der Eltern diese besitzt.

Die Technik dieser Blutprobe ist nicht allzu schwierig, und obgleich die Zuverlässigkeit der Blutgruppenuntersuchung in Fachkreisen noch umstritten wird, haben deutsche Gerichte diese in den letzten Jahren wiederholt als Beweismittel in Vaterschaftsstreitigkeiten zugelassen.

Weitere Bücher aus dem Christof Uiberreiter Verlag:

Das goldene Blatt der Weisheit

Seila Orienta/Franz Bardon

Zum ersten Mal in der okkulten Literatur wird die 4. Tarotkarte des Hermes Trismegistos verständlich beschrieben und offengelegt. Sie beinhaltet unbekannte Konzentrations- und Meditationsübungen. Des Weiteren gibt sie Hinweise und erklärt die Unterschiede zwischen Magie und Mystik und Gefahren des einseitigen Weges. Am Ende steht die Verbindung mit der universellen Gottheit, dem Herrn der Sonnensphäre, welcher quabbalistisch „Metatron“ genannt wird.

*

5. Tarotkarte – Mysterien des Steins der Weisen

Seila Orienta/Franz Bardon

Dieses Buch stellt die Vorderseite der Alchemie dar, die die einzelnen praktischen Übungsschritte erklärt, ohne die verschlüsselten Mystifikationen der alten Alchemisten auch nur annähernd zu erwähnen, wie man es aus den anderen Büchern des Franz Bardon kennt. Es wird erklärt, dass ohne vollkommene Beherrschung der 4 Elemente keine Alchemie möglich ist. Des Weiteren wird mit den einzelnen Ebenen, mit den Matrizen, dem elekromagnetischen Fluid usw. gearbeitet. Doch der Hauptpunkt stellen die göttlichen Eigenschaften wie z. B. die Allmacht dar, mit denen der Göttliche Stein der Weisen durch gewisse Übungen geladen wird.

*

Talismanologie und Mantramkunde

Seila Orienta/Franz Bardon

Zum ersten Mal werden hier (magisch) geladene Mantrams – Gebetssätze – preisgegeben, welche bei nötiger Reife, Ausgeglichenheit und Reinheit durchdringende Erfolge versprechen.

Mantrams sind ja nach Bardon nicht irgendwelche „Suggestionssätze“, sondern sie sind Ideenausdrücke, mit denen man mit Mächten, Kräften, Eigenschaften, also Gottheiten, in Verbindung kommen kann. Gleichzeitig werden die dazugehörigen Siegelzeichen der göttlichen Ideen preisgegeben, welche im rituellen Zusammenhang mit den Mantrams stehen. Ein Buch, dass nicht nur die Hermetiker sondern auch die Anhänger der Yogawissenschaften inspirieren wird!

*

Eine Sammlung der schönsten und lehrreichsten Beschwörungsgeschichten

Hohenstätten

Dieses Buch ist einzigartig, denn es zeigt den zweiten Band von Franz Bardon an Hand von interessanten Evokationsberichten, die genau das bestätigen, was Bardon in seinem Buch geschrieben hat, und noch darüber hinaus. Es werden sensationelle Erlebnisse geschildert, die man sonst niemals findet. Auch aus unveröffentlichten Schriften wird zitiert.

*

Verkörperungen des Meister Arion

Hohenstätten

Man wird beim Lesen dieses Buches nicht glauben, wie viele bekannte und unbekannte Inkarnationen Franz Bardon hatte. Die paar, die im „Frabato“ bekannt gegeben wurden, stellen nur einen geringen Teil seiner Verkörperungen dar. Wir mussten, da es dermaßen wenig Literatur über die Verkörperungen gab, wieder hunderte und aberhunderte von Büchern, Aufsätzen, Zeitschriften und Artikeln durcharbeiten, bis wir genügend Material für dieses Buch hatten. Aber der Leser wird sich beim Lesen sicherlich über unsere Arbeit freuen, denn sie wird ihn in Erstaunen versetzen!

Shamballa, der goldene Tempel des Lichts

Hohenstätten

Dieser Tempel dürfte jeden Leser von Bardons Roman „Frabato“ fasziniert haben. Dass es aber in der okkulten Literatur noch viel mehr Informationen darüber gibt, die man aber nur findet, wenn man alles Veröffentlichte gelesen hat, dürfte dem einen oder anderen unbekannt sein. Es wurden wieder ganze Stöße von Büchern durchgesehen und das Ergebnis wird hier veröffentlicht. Es wird aber gleichzeitig darauf hingewiesen, wie viel Schundliteratur es darüber gibt, wie viel Lügen im Umlauf sind, damit sich der Schüler der Hermetik ein klares Bild machen kann. Wir bringen in diesem Buch alles, was wir an Material darüber gefunden haben und es wird auch noch einiges aus der eigenen Erfahrung, was das Wertvollste ist, mitgeteilt. Nicht nur über den Tempel wird berichtet, sondern auch über die damit verbundene „Bruderschaft des Lichts“, dessen Sitz er darstellt.

*

Auf der Suche nach Meister Arion

Hohenstätten

Diese Autobiographie eines Schüler der Hermetik des Franz Bardon schildert sein magische Leben, in welcher zahlreiche Erfahrungen zu den Übungen aus dem Adepten geschildert werden, die die Hauptperson selbst erlebt hat. Es wird der schwere Weg des Adepten aus autobiographischer Sicht gezeigt, seine vielen Tiefschläge, aber auch seine glanzvollen Seiten und Zeiten. Der harte Kampf mit dem Seelenspiegel wird bis in alle Einzelheiten aufgezeigt, genauso wie die vielen anderen Wege, in welche der Autor reinschnupperte um dadurch reichlich Erfahrung sammeln zu können. Darüber hinaus enthält es unzählige Erfahrungen und Berichte betreffs Mantramistik nach Bardon, die wahre Runenmagie, zahlreiche Evokationen sowie Invokationen mit seinem Lehrer Anion, einen magischen Exorzismus, wie er bisher noch nie öffentlich geschildert wurde.

Mentalreisen, Beeinflussungen, Übungen zur Gottverbundenheit, Erscheinungen, Alchemie, Heilungen mit den verschiedensten magischen Methoden z. B. Quabbalah oder durch die Elemente, Schutzgeistevokationen und viele andere magische „Wunder" seines Freundes und Lehrers Anion. Auch einige magische Fotos in Farbe, ein bisher von Bardon unveröffentlichtes Akashafoto von Christus und ein Bild des schwebenden Meister Arion werden in diesem Buch preisgegeben. Der Inhalt ist viel reichlicher, als hier kurz beschrieben werden kann.

*

Magisches Gleichgewicht
Hohenstätten

Dieses Buch zeigt eindeutig, dass in allen anderen Systemen das „Gleichgewicht" genauso gebraucht wird, wie bei Bardons Werken. Er war nicht der einzige, der das erwähnte, aber er war der erste, welche es deutlich erklärte, denn die anderen Systeme sprachen nur durch das Symbol, welches nicht jedem Leser verständlich war. Obendrein bringen wir nochunveröffentlichtes vom Meister Arion zu dieser Grundlage der magischen Entwicklung.

*

Das Leben und die Erfahrungen eines wahren Hermetikers
Seila Orienta

Diese Autobiographie eines Magiers ist unübertroffen, denn bis jetzt hat kein einziger, okkult Geschulter, so offen und ehrlich gesprochen wie Seila Orienta. Er gibt in diesem Werk sein Leben bekannt, sowie seine zahlreichen und äußerst interessanten Erlebnisse und Erfahrungen. Es werden auch zum ersten Mal Fotos von Wesen der Sphären gezeigt, welche Franz Bardon höchstpersönlich in den 20ern gemacht hat. Des Weiteren schreibt Seila Orienta über die Sphären, über Dämonen, Logenkontakte und vieles vieles mehr, was einem ehrlich strebenden Hermetiker das Herz übergehen lassen wird.

Das Leben des Franz Bardon

Hohenstätten

Dieses Buch beschreibt das Leben des Meisters außerhalb des Frabatos, welches seine Sekretärin – Otti V. – geschrieben hat. Es beinhaltet Erklärungen zu seiner „Biografie“, weitere Einzelheiten über den Kampf mit der FOGC, seine Beziehung zu Wilhelm Quintscher und anderen Okkultisten, was alles bisher unbekannt war! Des Weiteren werden viele Erlebnisse seiner Schüler in Prag erzählt, verschiedene magische Leistungen und interessante Geschichten Bardons beschrieben, die bis dato unveröffentlicht sind. Es werden auch seine drei Lehrwerke und deren Wirkung auf die Öffentlichkeit von einem anderen, unbekannten Standpunkt geschildert, welcher durch bisher schwer zugänglichen Schriften unterstützt wird. Als Krönung wird seine aus dem tschechischen übersetzte „Runenschrift“ zum ersten Mal veröffentlicht. Auch einige Seiten aus anderen unveröffentlichten Schriften von ihm sowie interessante Fotos des Meister Bardon und seiner Freunde werden hier Preis gegeben und vieles, vieles mehr.

*

In Verbindung mit der Gottheit

Hohenstätten

Über das Thema der Gottverbundenheit mit all seinen Formen und Methoden wurde bis heute noch nie ein Buch verfasst geschweige denn eine Schrift geschrieben. Man findet in der okkulten wie in der östlichen Literatur nur spärliche Hinweise, die größtenteils verschlüsselt sind oder so geschrieben wurden, dass man sie kaum versteht. Im Gegensatz dazu wird in diesem Buch offen dargelegt, dass das 1. kleine Arkanum der 78 Tarotkarten die Gottverbundenheit in ihrer Reinform darstellt.

Hermetische Heilmethoden
Hohenstätten

Dieses Buch stellt in der okkulten Literatur ein absolutes Unikum dar, denn über die Gesamtheit der okkulten Heilmethoden wurde bis jetzt noch NIE etwas sinnvolles geschrieben. Es werden alle Heilmethoden erwähnt, die der hermetische Schüler mit Hilfe seiner bisher erlangten Konzentrationsfähigkeit ausüben und verwenden kann.

*

Erste hermetische Zeitschrift

„Der hermetische Bund teilt mit" ist eine der wenigen magisch-mystischen Zeitschriften, welche sich soweit als möglich auf die universelle Lehre von Franz Bardon bezieht. Sie versucht sich an die Gesetze des 4-poligen Magneten zu halten und vermittelt Wissen sowie Hinweise für die Praxis, damit der Leser die Möglichkeit hat, sie in seinen hermetischen Weg aufzunehmen und für sich gewinnbringend zu verarbeiten.

Noch viel mehr hermetische Literatur finden Sie auf unserer Website: http://www.hermetischer-bund.com.

Viel Vergnügen beim Stöbern!

Der Verlag

www.ingramcontent.com/pod-product-compliance
Ingram Content Group UK Ltd.
Pitfield, Milton Keynes, MK11 3LW, UK
UKHW020230250726
13967UKWH00001B/279

9 781291 261974